Revolution in der Revolution
ArbeiterInnenkontrolle,
ArbeiterInnenselbstverwaltung und die
Debatte über den Sozialismus im 21.
Jahrhundert - Perspektiven der Revolution
in Venezuela und Kuba

D1725762

Titelbild:
ElMilitante, 2005

Herausgeber:
Der Funke e.V.

Redaktion dieser Ausgabe:
Christoph Mürdter, Hans-Gerd Öfinger,
Emanuel Tomaselli, Gernot Trausmuth

Mitarbeiter:
Georg Falkinger, Martin Fritzenwanker, Harald Lindner, David Mayer, Goran
Music, Hans-Gerd Öfinger, Emanuel Tomaselli, Gernot Trausmuth

Layout und Gestaltung:
Evelyn Sutterlüti

Bankverbindung:
Verein Gesellschaft&Politik, PSK, BLZ: 60.000, Kontonummer: 92.090.509

Eigenverlag, Wien im Mai 2006

ISBN:
ISBN-10: 3-9502191-0-2
ISBN-13: 978-3-9502191-0-4
EAN: 9783950219104

Redaktionsanschrift Österreich:
Der Funke
Lustkandlgasse 10/1
A-1090 Wien

redaktion@derfunke.at

Redaktionsanschrift Deutschland:
Der Funke e.V.
Postfach 2112
D - 65011 Wiesbaden

Tel./Fax 0611/406807
redaktion@derfunke.de

Inhalt

Vorwort

Im vorliegenden Band unserer Theoriereihe „Aufstand der Vernunft" beleuchten wir die aktuellen Entwicklungen und die Perspektiven der Revolution in Venezuela und Kuba. Damit liefern wir ein Update zu der Nummer 2 von „Aufstand der Vernunft", in der wir Texte zu den revolutionären Strategien in diesen beiden Ländern veröffentlicht haben. Dieses Buchprojekt erschien uns aufgrund der rasanten Dynamik des Prozesses in Venezuela als wichtige Aufgabe. Aus verschiedenen Blickwinkeln nähern wir uns den zentralen Fragestellungen der Venezolanischen Revolution.

Der erste Text wurde in zusammenfassender Übertragung auf der Grundlage eines von der marxistischen *Corriente Marxista Revolucionaria (CMR)* im Februar 2006 vorgelegten Papiers zu den Perspektiven der Venezolanischen Revolution verfasst. Neben den bestimmenden Elementen des revolutionären Prozesses skizziert der Text außerdem die Aufgaben von MarxistInnen in Venezuela. Für sprachkundige Interessierte ist dieses Dokument unter dem Titel LA REVOLUCIÓN VENEZOLANA Y LA LUCHA POR EL SOCIALISMO: Balance, perspectivas y tareas auf: http://venezuela.elmilitante.org/ zu finden.

Dem folgt eine längere Abhandlung von *Harald Lindner* und *Emanuel Tomaselli* zum Klassencharakter der Venezolanischen Revolution. Die beiden Autoren gehen dabei der Frage nach, ob der Begriff des Bonapartismus ein geeignetes Instrument zur Analyse von Hugo Chávez darstellt. Ausgehend von einer Zusammenfassung der marxistischen Staats- und Bonapartismustheorie antworten sie auf sektiererische Zugänge in der Linken zum Prozess in Venezuela.

In den letzten beiden Jahren stellte das Erwachen und Erstarken der ArbeiterInnenbewegung die wohl bedeutendste Entwicklung innerhalb der venezolanischen Revolution dar. Die sogenannte Cógestion (Mitverwaltung) und die Bewegung der besetzten Betriebe bilden den Schlüssel für die Zukunft des Prozesses. *Gernot Trausmuth* und *Martin Fritzenwanker* beschreiben in ihrem Artikel die Erfahrungen mit der Cógestion zwischen sozialpartnerschaftlichen Mitbestimmungsmodellen und revolutionärer Arbeiterkontrolle. Dabei stellen sie den Bezug zwischen der Praxis in Venezuela und den theoretischen

Verallgemeinerungen in der marxistischen Linken seit der Oktoberrevolution von 1917 dar. *Goran Music* rundet das Thema mit einer Beschreibung der Lehren des Experiments mit der Arbeiterselbstverwaltung in Jugoslawien ab. Dazu veröffentlichen wir die Thesen der CMR zum Thema Cógestion, Arbeiterkontrolle und Arbeiterselbstverwaltung, die den Weg zeichnen, den die Tendenzen der sozialistischen Revolution in der bolivarischen Revolution nehmen sollten.

Die zentrale Auseinandersetzung in Venezuela ist aufgrund der Schwäche der Oligarchie und der eingeschränkten Handlungsfähigkeit des US-Imperialismus gegenwärtig jene zwischen revolutionären und reformistischen Kräften in der bolivarischen Bewegung. Dazu veröffentlichen wir eine Polemik mit Heinz Dieterich, einem der einflussreichsten linken Intellektuellen im Umfeld von Hugo Chávez. Im Mittelpunkt von *Harald Lindners* Kritik stehen Dieterichs utopische Theorien, die letztlich auf eine Neuauflage der stalinistischen Etappentheorie hinauslaufen.

In diesem Zusammenhang ist auch die Übersetzung von Alan Woods Artikel über die Agrarreform zu sehen. *Alan Woods* ist einer der theoretischen Köpfe der Internationalen Marxistischen Tendenz (IMT) und Initiator der Kampagne „Hands off Venezuela". Er argumentiert in seinem Text anhand der Frage der Landreform für die Notwendigkeit einer Strategie der permanenten Revolution.

Alan Woods kommt auch in einem Interview, das *Hans-Gerd Öfinger* mit ihm geführt hat, zu Wort, wo er auf Vorwürfe an einer marxistischen Perspektive aus den Reihen der Linken antwortet.

Den Abschluss macht *Emanuel Tomaselli* mit einer Einschätzung der zukünftigen Entwicklung Kubas zwischen kapitalistischer Restauration und Internationalisierung der Revolution, die eng mit den Prozessen im Rest von Lateinamerika verknüpft ist.

Sollte dieser Band einen Beitrag zur Vertiefung der theoretischen Debatten rund um die Frage der lateinamerikanischen Revolution und zur Festigung eines marxistischen Standpunktes geleistet haben, dann war es die Mühe wert. Über Kritik und Diskussionsbeiträge würden wir uns natürlich freuen.

Die Redaktion, Wien/Wiesbaden, am 1. Mai 2006

Perspektiven der venezolanischen Revolution

Die Perspektiven der venezolanischen Revolution, die wir in *Aufstand der Vernunft Nr. 2* präsentierten, standen ganz im Zeichen des Sieges im Abwahlreferendum vom 15. August 2004. Darin findet sich folgende Einschätzung der weiteren Entwicklung: „Der bürgerlichen Opposition ist nun regelrecht die Luft ausgegangen, die Revolution in ihrer Dynamik nun wieder am Zug. Die Klassenwidersprüche innerhalb der bolivarischen Bewegung werden sich also verstärken. Der reformistische Sektor trägt dabei letzten Endes den Druck und die Interessenslage der bürgerlichen Klassen und des Imperialismus in die Bewegung. Die reformistischen Teile kontrollieren die Mehrheit der Ministerien, Gouverneursposten sowie Bürgermeisterämter, verfügen über eine Mehrheit unter den Abgeordneten der Nationalversammlung und haben die Führung jener Parteien, die den *Bloque del Cambio* ausmachen, in ihrer Hand. Darüber hinaus kann sich dieser Sektor auf einen Teil der staatlichen Verwaltungsbeamten stützen. Vorschnell wäre jedoch der Schluss, dass die Auseinandersetzung aufgrund dieser Positionen des reformistischen Lagers entschieden ist. Denn eines der wichtigsten Merkmale des Prozesses in Venezuela ist die Tatsache, dass die momentanen Führungsfiguren und FunktionärInnen – ausgenommen Hugo Chávez – nur über ein äußerst beschränktes Ausmaß an Autorität gegenüber den Massen verfügen. Dazu kommt, dass die Basis im Zuge ihrer Radikalisierung diese FührungsfunktionärInnen immer wieder überwinden konnte und es dabei in manchen Fällen sogar schaffte, sich mit ihren Anliegen bei Chávez selbst Gehör zu verschaffen und ihn in ihrem Sinne zu beeinflussen. […] Die Zukunft der Revolution wird also zu einem Gutteil davon abhängen, wie sich der beschriebene Kampf innerhalb der bolivarischen Bewegung in den nächsten Monaten oder gar Jahren entscheidet."

Diese Vorhersage hat sich, wie wir glauben, in äußerst hohem Maße bewahrheitet. Die angesprochene Auseinandersetzung zwischen Reform und Revolution spielt sich heute zudem vor dem Hintergrund eines starken

Wirtschaftswachstums ab. Dieses Wachstum verleiht einerseits den Kämpfen von ArbeiterInnen und anderen sozialen Klassen neuen Mut, andererseits reicht es keinesfalls aus, um auch nur eines der grundlegenden Probleme zu lösen. Die vergangenen Siege gegen die Konterrevolution, vor allem der auf einer weit reichenden Massenmobilisierung beruhende Erfolg in der *Batalla de Santa Inés* (Schlacht von Santa Inés, bolivarische Mobilisierung im Zuge des Abwahlreferendums), stärkten wiederum das Selbstvertrauen der Massen und beflügelten zugleich die Hoffnungen auf eine Vollendung der Revolution im Sinne einer endgültigen Transformation von Wirtschaft und Gesellschaft. Diese politischen und sozialen Prozesse kommen in der revolutionären Bewegung, insbesondere in der Arbeiterbewegung, durch ein geschärftes Bewusstsein und eine wachsende Mobilisierungsbereitschaft zum Ausdruck. Die Enteignung von Venepal und CNV, die Debatte über die *cogestión (Mitbestimmung, Mitverwaltung;* ein Begriff, mit dem ursprünglich Formen der Mitbestimmung gemeint waren, der von den ArbeiterInnen indes zunehmend in Richtung einer echten Arbeiterkontrolle gedeutet wird) in diesen und anderen Betrieben sowie der Anstieg offensiver Kämpfe und deren inhaltliche Radikalisierung – all diese Vorgänge und Ereignisse ließen die ArbeiterInnen als Klasse auf die Bühne treten und ein eigenes Programm und eine eigene Sprache finden. Damit verbunden ist eine immer markantere Führungsrolle der ArbeiterInnen in der bolivarischen Bewegung, v. a. was die Perspektive einer Vollendung der Revolution im Sinne einer grundlegenden Veränderung der Gesellschaft betrifft. Mit dieser Linksbewegung an der Basis geht in widersprüchlicher Weise ein tendenzielles Nach-Links-Rücken in Rhetorik und politischen Haltungen von Hugo Chávez einher. Dieser brachte im Laufe des letzten Jahres den Begriff des Sozialismus in die öffentliche Diskussion, enteignete einige Betriebe und lancierte immer wieder Aufrufe an die Basis, gegen Bürokratismus und für eine „Revolution in der Revolution" zu kämpfen. Das Auftreten Chávez' fungierte dabei zugleich als Spiegel und Impuls der Bewusstseinslagen der Massen.

Dies ist die eine Seite der Entwicklung. Auf der anderen Seite lässt sich feststellen, dass das Ansinnen der Bewegungen an der Basis, die Revolution voranzutreiben – und damit die Aufrufe, Andeutungen und Vorschläge von

Hugo Chávez in die Realität umzusetzen –, mit jener Realität kontrastiert, welche die Ausgebeuteten in den Fabriken, Wohnvierteln und auf dem Lande erfahren. Trotz der Fortschritte der Sozialprogramme (*misiones*) und anderer Maßnahmen konnte dort bis heute bei keinem der grundlegenden Probleme (Armut, Arbeitslosigkeit, Wohnungsmangel etc.) eine klare und wirklich dauerhafte Lösung erreicht werden.

Dieser Kontrast ist in erster Linie eine zwangsläufige Folge des Weiterbestehens der kapitalistischen Produktionsweise in Venezuela. Dieses System ist national und international von Krisen- und Niedergangserscheinungen gekennzeichnet und bietet keine Aussicht auf eine echte Weiterentwicklung der produktiven Kapazitäten der Gesellschaft. Die entscheidenden ökonomischen Mittel befinden sich weiterhin in der Hand venezolanischen und ausländischen Kapitals. Die alten herrschenden Klassen können deshalb auf vielfältige Weise die Revolution sabotieren. Sie versuchen die soziale Basis der Revolution zu untergraben und damit die Kräfteverhältnisse zugunsten das Kapitals zu verändern. Der noch nicht vollzogene Bruch mit dem Kapitalismus und die fehlende Vergesellschaftung der Produktionsmittel bedeutet zugleich, dass der über Generationen gewachsene und gefestigte bürgerliche Staatsapparat bis heute nicht durch einen Arbeiterstaat ersetzt wurde – also durch einen Staat, der auf der jederzeitigen Wähl- und Abwählbarkeit aller öffentlichen Ämter durch revolutionäre *asambleas* (Versammlungen, Räte) der ArbeiterInnen und anderer unterdrückter Klassen und Schichten beruhen würde. Die Tatsache, dass der venezolanische Staatsapparat durch den bisherigen revolutionären Prozesses von immer markanteren Widersprüchen gezeichnet ist und auf mancher Ebene gar Auflösungserscheinungen zeigt, ändert an diesem Gesamtbild nichts.

Dies hat zur Folge, dass die Versuche der Massenbewegung, die Revolution voranzutreiben nicht nur auf den zähen Widerstand der bürgerlich-kapitalistischen Kräfte treffen, sondern auch mit der Bürokratie in Konflikt geraten. Diese Bürokratie hat weder Vertrauen in die Revolution noch glaubt sie an die Fähigkeit der Massen, bewusst die Leitung der Gesellschaft übernehmen zu können. In ihrem Auftreten immer arroganter und abgehobener, versucht diese Bürokratie, den Einfluss der Massen nach Kräften zurückzudrängen oder ganz zu verhindern. So ist es auch der Klassenkampf innerhalb der bolivarischen Bewegung selbst – die Auseinandersetzung zwischen „Reform" oder „Revolution" – welcher über den Ausgang des revolutionären Prozesses entscheiden wird.

Die Parlamentswahlen vom 4. Dezember 2005 können als Wendepunkt in diesem Richtungsstreit betrachtet werden. Sie stellen jedenfalls mehr als einen bloßen Wahlsieg dar: Eine solch große parlamentarische Mehrheit für die Revolution macht aus der Nationalversammlung ein potenziell revolutionäres Parlament. Das Ergebnis der Wahlen richtig gedeutet, müsste die Nationalversammlung ohne Umschweife zur Enteignung der Produktionsmittel (Banken, Großunternehmen und Großgrundbesitz) und zu einer Reihe weiterer revolutionärer Maßnahmen übergehen. Mit den ökonomischen Ressourcen in der Hand des Staates und mittels einer demokratischen Planung auf dem Wege der direkten Mitwirkung der ArbeiterInnen und aller anderen ausgebeuteten und unterdrückten Klassen und Schichten könnten sodann die dringendsten Probleme der Gesellschaft angepackt werden. Untrennbar damit verbunden wäre eine Überwindung des derzeitigen Staatsapparats, der die Teilnahme der Massen an allen Entscheidungen nicht zulässt und immer wieder das Voranschreiten der Revolution sabotiert. Stattdessen müsste ein Arbeiterstaat aufgebaut werden. Dazu wären die jederzeitige Wähl- und Abwählbarkeit aller Ämter durch Massenversammlungen der ArbeiterInnen und anderer unterdrückter Klassen nötig.

Sollte diese neuerliche Gelegenheit für einen Durchbruch ungenutzt bleiben und dieser Wahlsieg nichts anderes gebracht haben als eine größe Zahl zwar bolivarischer, jedoch von der Massen abgehobener und in ökonomischen und politischen Privilegien schwelgender Abgeordneter, dann könnte die heute bereits spürbare Ungeduld an der Basis bald zu einer offenen Infragestellung und einer tiefen inneren Spaltung der revolutionären Bewegung führen.

Solch eine Zuspitzung des Ringens um „Reform oder Revolution" innerhalb der Bewegung kann man in vielen historischen Revolutionen feststellen. Für das Voranschreiten des revolutionären Prozesses bietet eine derartige Situation viele Chancen, allein sie birgt auch etliche Risken und Gefahren. So könnten einige Teile der revolutionären Vorhut – also jene Teile der Bewegung, welche die fortgeschrittensten und radikalsten Schlussfolgerungen ziehen – in einer Mischung aus Ungeduld und Verzweiflung vorauspreschen, sich dabei zu weit von der Mehrheit der Bewegung entfernen und einer ultralinken, linksradikalen Herangehensweise zuneigen. Dies wiederum würde ihre Isolierung von der Masse der Bewegung durch reformistische Kräfte erleichtern. Nicht wenige Revolutionen sind an einer solchen Loslösung von Teilen der Avantgarde vom allgemeinen Bewusstseinsstand der Bewegung gescheitert. Fast immer spielten dabei falsche Methoden, Forderungen und Strategien von führenden Persönlichkeiten der revolutionären Linken eine entscheidende Rolle.

Eine weitere große Gefahr droht der revolutionären Bewegung durch die Möglichkeit, dass die ärmsten, am meisten ausgebeuteten, gleichzeitig in ihrem Handeln am wenigsten politisch bewussten Teile der Massen ab einem Gewissen Zeitpunkt der Demoralisierung, ja der Apathie anheim fallen. Dieser Zeitpunkt könnte umso näher rücken, je länger die Revolution nicht endgültig mit dem Kapitalismus bricht. Auch hierfür gibt es genügend historische Beispiele: Wenn die führenden revolutionären AkteurInnen zu lange mit entschiedenen Schritten zögern und somit die Lösung der dringlichsten Probleme nicht angehen können, dann gewinnt in Teilen der Massen die Skepsis die Oberhand und die soziale Basis der Revolution wird geschwächt. Allerdings: Das Kräfteverhältnis in Venezuela ist nach wie vor für die Revolution äußerst günstig. Diese Situation muss dafür genutzt werden, das Begonnene zu vollenden und die Revolution zum völligen Bruch mit dem Privateigentum an Produktionsmitteln zu führen. Solange dies nicht geschieht, kann das bisher Erreichte wieder zurückgeworfen werden und befindet sich die Revolution in Gefahr. Die Erfahrungen in Chile und Nicaragua sollten uns ein warnendes Beispiel sein. Was den Imperialismus anbelangt, so beruht derzeit seine zentrale Strategie auf der wirtschaftlichen Untergrabung der bolivarischen Revolution, in der Hoffnung, damit gleichzeitig die soziale Basis der Revolution auszudünnen und ein für die Gegenkräfte günstiges Kräfteverhältnis zu erwirken. Diese Hauptstrategie kann mit vielen anderen Mitteln kombiniert werden: Diese reichen von diplomatischem Druck auf die venezolanische oder andere lateinamerikanische Regierungen über Destabilisierungsvorhaben bis hin zu Interventionsplänen, die mit einem *magnicidio*, mit einem Massaker großen Maßstabs, verbunden wären.

Der internationale Zusammenhang

Auf die aktuelle Weltlage und Perspektiven globaler Entwicklung kann in diesem Rahmen nicht genauer eingegangen werden. Genügen muss hier der Hinweis, dass der revolutionäre Prozess in Venezuela stark in die internationale Entwicklung eingebettet ist und von dieser mitbestimmt wird. Andererseits haben die innenpolitischen Vorgänge in Venezuela wiederum selbst eine große Rückwirkung auf die internationalen Beziehungen, insbesondere was die lateinamerikanischen Staaten betrifft.

Entscheidend sind hierbei die von einer enormen Instabilität und Unsicherheit auf allen Ebenen geprägte Weltlage; die äußerst weit reichende Polarisierung und Ungleichheit zwischen den Nationen und Klassen; die auf den ersten Blick widersprüchliche Entwicklung der Weltökonomie, welche bei genauerem Hinsehen von einer tief greifenden Krise gekennzeichnet ist; die hohe Abhängigkeit der Weltwirtschaft von der Entwicklung in den USA und China und die wirtschaftlichen Schwierigkeiten, die auf beide Mächte zukommen; die zunehmenden Widersprüche zwischen den führenden imperialistischen Ländern bzw. das aggressive Vorgehen des Imperialismus (wie z. B. im Irak oder auch in Venezuela) – die Liste von ökonomischen Bruchlinien und politischen Rissen ließe sich fortsetzen. Ursprung und Entwicklung der Bolivarischen Revolution lassen sich nur vor diesem Hintergrund verstehen. Sie ist ein unmittelbarer Ausdruck der Krise des Kapitalismus, ja sie stellt zur Zeit das vielleicht wichtigste „schwächste Glied" dar, an der die globale kapitalistische Systemkette zu zerbrechen droht.

Außenpolitik

Dies verleiht der Entwicklung in Venezuela umgekehrt eine hohe internationale Bedeutung. Imperialistische Kräfte schätzen die Bedrohung durch die Vorbildwirkung für andere Länder äußerst hoch ein. Außenpolitik spielt für die derzeitige venezolanische Regierung dementsprechend eine äußerst wichtige Rolle. Die Forderung nach einer multipolaren Weltordnung, die Beziehung zu Kuba und dabei insbesondere die Begründung eines Gegenprojekts zum ALCA (der US-beherrschten gesamtamerikanischen Freihandelszone) in Form der ALBA (Bolivarische Alternative für Lateinamerika) haben viel Aufmerksamkeit auf sich gezogen. Dabei scheinen die Widersprüche und Doppelbödigkeiten mancher dieser Initiativen vielen gar nicht bewusst zu sein. Aus revolutionärer Sicht gilt es festzuhalten, dass die bolivarische Revolution nur in den ArbeiterInnen und anderen Unterdrückten aller Länder einen verlässlichen Bündnispartner finden kann. Keine Regierung eines anderen Landes, viel weniger noch eine den USA gegenüberstehende imperialistische Macht, kann diese Rolle spielen. Die Forderung nach einer multipolaren Weltordnung als Alternative zur US-amerikanischen Hegemonie ist somit eine Falle – die Bolivarische Revolution kann den Regierungen Chinas, Irans, Russlands und anderer nicht vertrauen, denn diese unterdrücken selbst die jeweilige Bevölkerung. Abgesichert werden kann die Revolution letztlich nur durch Ausweitung auf andere Länder.

Was die Idee einer *Bolivarischen Alternative für Amerika* (Alternativa Bolivariana para las Américas – ALBA) anbelangt, d. h. eines gerechteren und solidarischen Integrationsprojekts, das sich gegen die verschiedenen kapitalistischen Projekte stellt (ALCA, südamerikanische Freihandelszone MERCOSUR usw.), so kann deren Verwirklichung nur auf einer Entmachtung aller nationalen Bourgeoisien fußen. Eine funktionierende ALBA wäre nichts anderes als eine Sozialistische Föderation Lateinamerikas und der Karibik. Diese Perspektive ist politisch umso wichtiger, als dass fast ganz Lateinamerika aus bürgerlicher Sicht von Instabilität gekennzeichnet ist, vom Standpunkt revolutionärer Gesellschaftsveränderung hingegen weiterhin einen Linksruck erlebt und äußerst günstige Kräfteverhältnisse bietet.

Ein Wirtschaftsaufschwung mit Widersprüchen

Das Bruttoinlandsprodukt Venezuelas wuchs im ersten Halbjahr 2005 im Vergleich zum Vorjahreszeitraum um 9,3%. Das Wachstum 2004 betrug gar 23%. Die hohen Wachstumszahlen müssen allerdings mit den schweren Turbulenzen in den Jahren 2002 und 2003 in Zusammenhang gebracht werden, als die venezolanische Wirtschaft aufgrund der wirtschaftlichen Sabotage der Opposition um insgesamt 18% schrumpfte.

Der Weltmarktpreis für Erdöl bleibt hoch, was weiterhin eine Finanzierung und Ausweitung der *misiones* und anderer Programme sowie das Tätigen öffentlicher Investitionen erlaubt. Damit kann den Erwartungen der Massen in vielen Bereichen zumindest teilweise entsprochen werden. Durch die Erdöleinnahmen wurden jedoch auch Maßnahmen wie Zinssenkungen, Kreditverbilligungen, Hypothekensenkungen, Wohnbauhilfen und Anschaffungsprämien für andere Güter (Autos etc.) umgesetzt. Kaufkraft und Konsum sollen dadurch eine Stärkung erfahren, was tatsächlich auch eine gewisse Wirkung zeitigte und insbesondere der Kaufkraft der Mittelschichten nutzte. Zusammen mit den schweren politischen Niederlagen der bürgerlichen Opposition hat diese ökonomische Entwicklung das Ausmaß oppositioneller Tätigkeiten zumindest zeitweilig verringert – der herrschenden Klasse ist momentan ein Teil ihrer ohnehin kleinen sozialen Basis weggebrochen.

All dies ändert freilich nichts an der unumstößlichen Tatsache, dass keine dieser im kapitalistischen Rahmen verwirklichten Maßnahmen auch nur eines der grundlegenden Probleme einer endgültigen Lösung zuführen könnte – eine Tatsache, die immer neue politische Widersprüche erzeugen muss. Die Armut z. B. ist trotz der *misiones* noch immer enorm groß. Über 15 Millionen EinwohnerInnen, mehr als die Hälfte der Bevölkerung, leben in absoluter Armut. Immer noch fehlen zumindest 1,8 Millionen Wohnungen. Wie immer wieder hervorgehoben wurde, würde dieses Problem auf der Grundlage des derzeitigen Wohnungsbauprogramms (120.000

Wohnungen/Jahr) jahrzehntelang einer Lösung harren. Hinzu kommt, dass bis jetzt tatsächlich nicht mehr als 30.000 Wohnungen ihren neuen BesitzerInnen übergeben wurden. So wurde nicht einmal der Wohnraumverlust wettgemacht, den verschiedene Regionen in den letzten Jahren durch Naturkatastrophen erleiden mussten. Die Arbeitslosigkeit bleibt zugleich äußerst hoch, die Hälfte der Bevölkerung kann nur im Rahmen informeller Arbeit ohne arbeits-, sozial- und tarifrechtlich Absicherung überleben. Keine Revolution, die voranschreiten und einen Durchbruch erzielen will, kann solche Zahlen hinnehmen.

Gleichzeitig erhöht jeder erzielte Fortschritt die Erwartungen der Betroffenen. Bei Gesundheit und Bildung hat es zweifellos wichtige Verbesserungen gegeben, doch die grundlegenden Bedürfnisse der Massen nach Arbeit, Wohnraum, Infrastruktur (Kanalisation etc.) und Bildungschancen bleiben für viele unerfüllt. Das Auftreten Hugo Chávez' spiegelt diese Erwartungen wider, bestärkt sie gleichzeitig und erhöht den Druck.

Andererseits – und dies ist nicht zu unterschätzen – stellt sich immer öfter die Frage nach der Art der Durchführung dieser Maßnahmen. Das Bedürfnis der Massen, diese Sozialmaßnahmen unter eigener Kontrolle zu tragen, zu vertiefen und zu verbessern, steht dem etablierten *misiones*-Apparat und seiner Bürokratie entgegen, der dieses Ansinnen abzuwehren versucht. Abzulesen ist dieser Konflikt an der steigenden Zahl von Klagen über Korruption, Willkür, Vetternwirtschaft etc. Die *misiones* sind jedenfalls kein lebloses Werkzeug revolutionärer Sozialpolitik. Sie werden selbst eine immer wichtigere Bühne der gesellschaftlichen Auseinandersetzungen: Sie spiegeln den Widerspruch zwischen revolutionärer Dynamik und weiter bestehenden kapitalistischen Wirtschaftsstrukturen wider (z. B. in der Frage der Arbeitsbedingungen ihrer Beschäftigten), genauso wie den innerbolivarischen Kampf zwischen „Reform" und „Revolution". Wer die Kontrolle auf welche Weise über die *misiones* innehat, wird dabei eine entscheidende Frage werden; auch hier können die Forderungen nur lauten: die Kontrolle ist über revolutionäre Komitees auszuüben, die sowohl die ArbeiternehmerInnen der *misiones* repräsentieren als auch die Benutzerinnen der von ihnen angebotenen Dienste; es muss die jederzeitige Wähl- und Abwählbarkeit gelten, genauso wie das Recht auf Gewerkschaftsbildung und Interessenvertretung.

Die Entwicklung in der wichtigsten wirtschaftlichen Einheit Venezuelas, der Erdölgesellschaft PDVSA, gibt indes Anlass zu einiger Sorge. Zwar wurden jene aus dem Unternehmen gedrängt, die im Winter 2002/2003 die Sabotage der Erdölindustrie organisiert hatten, die in dieser Auseinandersetzung entstandenen Formen der Arbeiterkontrolle sind jedoch gleichfalls zurückgedrängt worden. Das Unternehmen befindet sich stattdessen in der Hand einer neuen „Technobürokratie", die zwar loyaler gegenüber der Regierung ist, zugleich jedoch die Revolution besser gestern als heute beendet sehen will. Wie lange können die Erdöl-Einnahmen nun noch als eine Art Polster fungieren, welcher der venezolanischen Regierung einen gewissen Spielraum verleiht? Nun, die PDVSA kann tatsächlich noch genügend Einnahmen erwirtschaften, um eine weitere Steigerung des Budgets zu ermöglichen – eine Aussicht, die alle ReformistInnen in Venezuela in Entzücken versetzt. Dies kann jedoch nicht darüber hinwegtäuschen, dass jeder Fortschritt auf diese Weise wesentlich mehr Ressourcen, Zeit und Energie kostet als über den Weg der Arbeiterkontrolle. Gleichzeitig bewirkt dieser Erdölboom, dass trotz des gewonnen relativen Spielraums die Widersprüche in der venezolanischen Wirtschaft nicht ab-, sondern zunehmen.

Das Ausbleiben produktiver Investitionen ist einer dieser Widersprüche. Auf kapitalistischer Grundlage ist es letztlich die Klasse der KapitalbesitzerInnen, die mit ihren Investitionen über die Weiterentwicklung der produktiven Kapazitäten einer Gesellschaft entscheidet. In Venezuela weigerte sich diese Klasse in den letzten Jahren fast zur Gänze, Investitionen zu tätigen. Trotz effektiv negativer Kreditzinsen (der Zinssatz betrug im letzten Jahr in etwa 16% bei einer Inflation von 19%), einer Reihe von Investitionsanreizen durch die Regierung und eines beispiellosen Erdölbooms, entstanden von den 200.000 neu geschaffenen Arbeitsplätzen nur 55.000 im Privatsektor, 145.000 dagegen wurden durch den Staat (v.a. durch die *misiones* und öffentliche Aufträge) geschaffen.

Während die venezolanische Regierung gezwungen ist, große Mengen an Konsumgütern (insbesondere Nahrungsmittel) zu importieren, war der industrielle Sektor im Jahr 2004 gleichzeitig nur zu 54% ausgelastet. Die gestiegenen Erdöleinnahmen führen also zu einer Ausweitung der Sozialausgaben, zu öffentlichen Bauvorhaben und Investitionen. Doch die KapitalistInnen scheinen einer tiefen Depression anheim gefallen zu sein – sie können keine Rolle mehr bei der Entwicklung der Gesellschaft spielen, mit ihnen ist weder Staat noch Ökonomie zu machen.

Auch wenn der Erdölpreis inzwischen astronomische Höhen erreicht hat, lassen sich die wichtigsten Probleme der Mehrheit der VenezolanerInnen auf kapitalistischer Grundlage nicht bewältigen. Der Erdölboom bewirkt letztlich beides: Er hilft die ökonomischen Widersprüche zumindest zeitweilig zu kaschieren, bringt diese aber zugleich immer akzentuierter zur Geltung.

Bolivarische Bewegung und Arbeiterbewegung

Der derzeitige Boom der venezolanischen Wirtschaft und die tiefen gesellschaftlichen Widersprüche haben eine Reihe von politischen Folgen. Zunächst einmal heißt das eine steigende Unterstützung für den revolutionären Prozess im Allgemeinen und für Hugo Chávez im Besonderen. Der gewisse Spielraum für die Finanzierung von Sozialprogrammen, der sich durch die Erdöleinnahmen ergibt, und das stetige Nach-Links-Rücken von Hugo Chávez haben der Regierung eine Unterstützung von zuletzt 70% beschert (laut eines oppositionellen Umfrageinstituts). Wenn das hohe Wirtschaftswachstum und die steigenden Erwartungen sich nicht bald in spürbaren Verbesserungen manifestieren, könnten sich diese äußerst hohen Werte aber auch freilich schnell in ihr Gegenteil verwandeln. Die Situation ist generell von steigenden Erwartungen der Massen auf der einen Seite, der kapitalistischen Logik sowie den bürokratischen Interessen in Teilen der Bewegung und im Staatsapparat auf der anderen Seite geprägt. Drängende Bedürfnisse der Massenbewegung kollidieren mit Profitmacherei, bürokratischer Ineffizienz und Korruption. Beide Seiten messen sich ständig aneinander und erzeugen in der venezolanischen Gesellschaft jenen Druck, der sich in Zukunft als revolutionäre Energie entladen muss.

Blickt man auf die Arbeiterklasse, wirkt auch hier das Wirtschaftswachstum alles andere als mäßigend: Vor dem Hintergrund der vergangenen Siege und des steigenden Selbstbewusstseins der Massen kommt es zu einem Anstieg der Organisierung von ArbeiterInnen. Wir erleben den Aufbau klassenkämpferischer Gewerkschaften im Betrieb, lange und oft bittere betriebliche Auseinandersetzungen, sowie lebhafte Debatten über die *cogestión*. Immer radikaler wird die revolutionäre Mitbestimmung ausgelegt. Häufig kommt es zu offensiven gewerkschaftlichen Kämpfen. Wenn wir die venezolanische Situation aus der Vogelperspektive betrachten, können wir zwar noch keine vereinte und massive Bewegung durchgehend organisierter ArbeiterInnen erkennen. Die offensiven Kämpfe haben sich noch nicht zu einer großen Welle ausgeweitet. Dennoch sind die oben genannten Entwicklungen Vorzeichen von dem, was möglich ist.

Das gleiche gilt für die bisherigen Verstaatlichungen von Venepal und CNV, die Debatte über die *cogestión* oder die bisherigen Maßnahmen gegen den Großgrundbesitz. Nicht wenige ultralinke Kommentatoren beurteilen diese Vorgänge kritisch, weisen allein auf deren Halbheit, Widersprüchlichkeit und Unvollständigkeit hin, messen sie beständig am Maßstab eines von ihnen postulierten revolutionären Ideals, begegnen ihnen gar mit Ironie und Zynismus. Es kann kein Zweifel daran bestehen, dass sich die Hoffnungen, die sich auf die *cogestión* und die bisherige Form des Kampfes gegen den Großgrundbesitz richten, im Rahmen des Kapitalismus erfüllen lassen. Was jedoch viele bürgerliche BeobachterInnen besser verstehen als die ultralinken Sekten: Die bisherigen Entwicklungen haben die Erwartungen an die Revolution bestärkt oder sie erst hervorgebracht. Wie klein der Schneeball auch sein mag, er ist ins Rollen gebracht – was in der *cogestión* heute als bloße Mitbestimmung gedacht ist, kann morgen ausgewachsene Arbeiterkontrolle werden. Die Rolle revolutionärer AktivistInnen ist es, diesen Umdeutungs- und Radikalisierungsprozess nach besten Kräften zu unterstützen und voranzutreiben, Arbeiterkontrolle, Sozialismus und einen Arbeiterstaat als Perspektiven in die Debatte zu tragen.

Die Frage der Kontrolle über die betriebliche Aktivität präsentiert sich vielerorts, insbesondere im Gesundheitsbereich, als Auseinandersetzung zwischen Verwaltungsbürokratie und ArbeiterInnen. So wurden in der *Clínica Popular de Caricuao* acht AktivistInnen trotz Kündigungsschutz entlassen, weil sie versucht hatten, eine betriebliche bolivarische Gewerkschaftsgruppe aufzubauen und für anständige Arbeitsbedingungen einzutreten – und das, obwohl die *Clínicas Populares* (Gesundheitszentren) als revolutionäre Vorbildinitiativen gelten.

Welche Rolle spielen nun die ArbeiterInnen im Verhältnis zur Gesamtbewegung? Insgesamt – und dies bleibt eine der zentralen Schwächen der Bewegung – sind die Mobilisierung und Aktivität von ArbeiterInnen noch nicht das tonangebende Moment. Die Arbeiterschaft als Klasse hat noch nicht alle Ausgebeuteten und Unterdrückten hinter sich und damit hinter einem proletarischen Programm versammelt. Aus marxistischer Sicht ist es indes die Arbeiterklasse, die aufgrund ihrer zentralen Rolle im Produktionsprozess am leichtesten ein kollektives Bewusstsein entwickeln kann. Durch die tägliche Praxis weiß sie, dass sie nur *gemeinsam* die Produktion organisieren kann. Alle sind der gleichen Arbeitsdisziplin unterworfen und stehen dem selben Management gegenüber. Aufgrund dieser Stellung im Produktionsprozess lernt sie, dauerhafte Organisationen aufzubauen. Daraus ergeben sich auch die typischen Kampfformen der ArbeiterInnen – kollektive Mobilisierung, Streik und insbesondere die (Betriebs-)Versammlung. Die Durchsetzung der Interessen macht auf individueller Ebene wenig Sinn, sie ist auf kollektivem Wege dagegen umso aussichtsreicher. Deshalb gelangt die ArbeiterInnenklasse instinktiv zur Forderung nach Vergesellschaftung der Produktionsmittel. Im Zuge dieser Kämpfe kann sie anderen unterdrückten Schichten im gemeinsamen Kampf einen Ausweg aus der kapitalistischen Krise weisen.

Aus all dem ergeben sich die für eine sozialistische Gesellschaft grundlegenden Mechanismen: allgemeine Teilhabe aller an allen ökonomischen und politischen Prozessen sowie die Delegierung von Aufgaben nur unter der Bedingung kollektiver Kontroll- und Eingreifmöglichkeiten (jederzeitige Wähl- und Abwählbarkeit).

Diese Aussagen zur Rolle von ArbeiterInnen in Produktion und Revolution sind weder absolut noch ausschließlich. Wenn in der kollektiven Erfahrungswelt proletarischer Arbeit auch die kollektive Aktion wahrscheinlicher ist, so heißt das nicht, dass diese automatisch entsteht oder dass andere Schichten keine ähnlichen Formen von Organisierung und Kampf finden können.

Die bolivarische Revolution in ihrem bisherigen Verlauf ist hierfür ein anschauliches Beispiel. Sie beweist, dass allgemeine Volksbewegungen – oft getragen von Menschen ohne direkten Bezug zu den Produktionsmitteln und gestützt auf einen anderen sozialen Ort als den Betrieb, nämlich das Wohnviertel – eine äußerst revolutionäre Rolle spielen können. Bei der Abwehr des Putschversuches vom 12./13. April 2002 waren diese Schichten gar entscheidend. Die Stärke dieser Mobilisierung, ihr explosiver und spontaner Charakter, ist zugleich ihr Nachteil. So erwiesen sich alle Versuche, auf dieser Grundlage dauerhafte Organisationen aufzubauen, in denen sowohl das weitere Vorgehen als auch eine programmatische Orientierung hätten diskutiert werden können, als schwierig und wenig erfolgreich. Strukturen wie die UBE (*Unidades de Batalla Electoral*, aufgebaut im Vorfeld des Abwahlreferendums) blieben kurzlebig. Formen der Gegenmacht zum bestehenden Staatsapparat aufzubauen, setzt indes die Möglichkeit zu dauerhaften Strukturen voraus. Eine Revolution ist mehr als eine Meuterei, ein Aufstand oder eine Erhebung. Die Organisierung von Arbeitslosen, KleinsthändlerInnen, TaxifahrerInnen und anderen ArbeiterInnen in informellen Arbeitsverhältnissen bzw. all jener, deren Arbeit im Kapitalismus schon immer „informell" und „häuslich" war (Hausfrauen, Hausbedienstete etc.), bleibt wichtig. Festigkeit erhalten alle Organisierungsversuche aber nur, wenn sie um einen stabilen Kern herum gebildet werden. Dieser stabile Kern kann sich ehestens in jener Arena bilden, in der die Frage nach der Kontrolle über Produktion, Distribution und öffentliche Verwaltung ausgefochten wird - im Betrieb.

Das Ringen zwischen Reform und Revolution

In vielen Revolutionen wird man eine ähnliche Situation wie derzeit in

Venezuela finden: Die konterrevolutionären Kräfte sind vorerst geschlagen. Dem Anschein nach ist nun beinahe jeder für die Revolution, alle scheinen in die gleiche Richtung zu streben. Die Klassenkonflikte sind indes nicht verschwunden, sondern verlagern sich in die Bewegung selbst. Aufgrund der Schwäche der GegnerInnen der Revolution sieht eine steigende Zahl von AktivistInnen den Moment für eine weitere Beschleunigung und die Vollendung der Revolution gekommen. Dagegen regt sich insbesondere in den Führungsschichten der Bewegung Widerstand – und dies erhöht wiederum die Ungeduld der aktivsten Schichten.

Die Mehrheit der bolivarischen Bewegung verhält sich derzeit noch abwartend. Die Vorschläge des Präsidenten mögen sich erfüllen, denken viele. Zwar steigt das Unbehagen gegenüber bürokratischen Vorgehensweisen von bolivarischen SpitzenfunktionärInnen sowie angesichts der Langsamkeit der Veränderung. Bis dato jedoch staut sich dieses Unbehagen an der sozialen Basis des revolutionären Prozesses mehrheitlich unter der Oberfläche an und findet noch keinen offenen Ausdruck. Von großer Wichtigkeit ist es bei diesen Überlegungen, dass wir die Stimmung der aktivsten RevolutionärInnen in der Bewegung und ihr Bewusstsein nicht mit der Stimmung unter den Millionen zu verwechseln. Revolutionen siegen, weil die Massen mehrheitlich die Geduld mit der alten Gesellschaft verloren haben; sie können aber auch genau deshalb scheitern, weil gerade die Minderheit der Besten und Aktivsten zu früh ihre Geduld verliert.

Diese Gefahr unterschiedlicher Geschwindigkeiten in der Bewusstseinsentwicklung der verschiedenen Teile der Bewegung ändert freilich nichts am allgemeinen Trend zur internen Differenzierung. Auch wenn sich das Ringen zwischen „Reform" und „Revolution" bisher weder in den politischen Formationen des Bolivarismus noch in der Gewerkschaft UNT zu eindeutigen und klar voneinander unterscheidbaren Flügeln und Strömungen kristallisierte, können dennoch schon einige Symptome des Differenzierungsprozesses ausgemacht werden. So steht z. B. der Stimmenzuwachs für Parteien wie der Kommunistischen Partei Venezuelas, MoBaRE oder Los Tupos bei den Wahlen auf Gemeinde- und Bezirksebene für die Suche wachsender Teile der aktiven Bewegung nach einem Programm gegen Bürokratie und Reformismus.

Dabei wäre es ein Fehler, den Blick von der wichtigsten politischen Formation der bolivarischen Bewegung abzuwenden – dem MVR (*Movimiento para una Quinta República,* Bewegung für eine Fünfte Republik). Schon gar nicht darf man in eine abschätzige Herangehensweise gegenüber der großen Zahl seiner AnhängerInnen verfallen. Der wichtigste Differenzierungsprozess wird ab einem gewissen Zeitpunkt genau in dieser Organisation mit Massengefolgschaft stattfinden.

Und Chávez?

Präsident Hugo Chávez bleibt weiterhin eine widersprüchliche Figur – was letztlich nur eine Widerspiegelung der oben beschriebenen Klassengegensätze und widersprüchlichen Prozesse in Venezuela ist. So gibt es jenen Hugo Chávez, der Venezuela zu einem sozialrevolutionären Staat erklärt, in dem Angriffe auf die Rechte von ArbeiterInnen nicht zulässig seien. Diese Seite von Chávez tritt wiederholt für den Übergang zum Sozialismus ein und ruft die Menschen dazu auf, sich gegen bürokratische Auswüchse und Korruption zur Wehr zu setzen. Dadurch facht Chávez die Bewegung an und unterstützt weitere Enteignungen und Besetzungen (wie z.B. bei den Unternehmen Polar oder Heinz). Und es gibt jenen Hugo Chávez, der längst diskreditierten Abgeordneten, GouverneurInnen und BürgermeisterInnen nicht die Unterstützung entzieht oder sich mit UnternehmerInnen trifft, die für ihr aggressives Vorgehen gegen ArbeiterInnen bekannt sind. Diese Widersprüche sind nicht neu; wie zuvor gilt es weiterhin, diesem widersprüchlichen Eindruck eine genaue Analyse der allgemeinen Richtung der Entwicklung, insbesondere des Klassenkampfs entgegenzustellen.

Hugo Chávez mag viele Schwächen haben – es ist indes eine maßgebliche Stärke, die ihm große Autorität unter den Massen verliehen hat: Er hat nach Jahren scheinbarer politischer Alternativlosigkeit Hoffnungen auf Verbesserungen über den Weg von Reformen geweckt. Als diese

Reformversuche auf den unvermeidbaren Widerstand von einheimischer Bourgeoisie und imperialistischen Interessen stießen, hat er sich diesen Druck bisweilen aus eigenem Antrieb, bisweilen unter dem Druck der Mobilisierung widersetzt. Je öfter dies passierte, desto größer wurde seine Autorität in der Bewegung.

Das Besondere an der Situation in Venezuela ist es mithin nicht, dass der Sozialismusbegriff von Chávez widersprüchlich und konfus ist, oder dass er heute einen Schritt nach vorne wagt und kurz darauf wieder einen Rückzieher macht. Das ist angesichts der historischen Umstände und des globalen Klassenkräfteverhältnisses auch nicht verwunderlich. Der Zusammenbruch des Stalinismus in Osteuropa, die Diskreditierung des Sozialismus und die ideologische Offensive des Kapitals haben die Linke weit zurück geworfen. Chávez selbst ist eine Führungspersönlichkeit ohne marxistische Bildung, ohne klares politisches Programm. Manchmal spiegelt er die gesellschaftlichen Prozesse nur wider, manchmal wirkt er aber auch als ihr Impulsgeber.

Bemerkenswert ist vielmehr, dass Chávez die Frage des Sozialismus in die Debatte brachte – und dies unmittelbar nachdem er beim Abwahlreferendum 2004 einen seiner größten Siege errungen hatte. Er besaß zu dieser Zeit unter den Massen uneingeschränkte Autorität. Eine Zeit lang schien ein hohes Maß an politischer Stabilität greifbar. Die Wirtschaft erreichte gerade die höchsten Wachstumsraten seit Jahren. Die den Präsidenten umgebenden Kreise sowie alle reformistischen FunktionärInnen hofften auf ein Abkühlen der revolutionären Glut. In einem solchen Augenblick die Sprache zu radikalisieren und den Horizont der Debatte zu erweitern, ist nicht nur Beweis für die wichtige Rolle der Person Chávez, sondern ist auch Beleg für die tiefe strukturelle Krise des Kapitalismus und die Stärke des revolutionären Potenzials der venezolanischen Gesellschaft. Zurzeit fungiert Chávez als – wenn auch widersprüchlicher – Ausdruck dieser beiden grundlegenden Tatsachen. Daher müssen alle Diskussionen darüber, ob Chávez nun „bürgerlich" oder „kleinbürgerlich" sei, oder wie man ihm „die Maske herunterreißen" und eine revolutionäre Massenbewegung *gegen ihn* ins Leben rufen könne, hohl und abstrakt bleiben. Das ändert selbstredend nichts an der Tatsache, dass die

Widersprüche der venezolanischen Gesellschaft auch Chávez eher früher als später zu klaren Entscheidungen zwingen werden: entweder den rechtesten Teilen der Verwaltung und Funktionärsschichten offen die Stirn bieten und die Bewegungen an der Basis dabei unterstützen, die Revolution mit konsequenten Schritten voranzutreiben, oder die Rolle eines Schiedsrichters zwischen der Linken und der Rechten spielen und dabei ab einem gewissen Zeitpunkt die Unterstützung beider zu verlieren. Bis auf weiteres jedenfalls bleibt der revolutionäre Prozess offen; bis jetzt jedenfalls neigten die Ereignisse dazu, Chávez nach links zu treiben.

Staat und Revolution

Eine der größten Gefahren für den revolutionären Prozess ergibt sich aus dem Umstand, dass es der Arbeiterklasse und den anderen unterdrückten Klassen und Schichten bisher nicht gelungen ist, den alten bürgerlichen Staatsapparat durch einen neuen Staat zu ersetzen. Venezuela bleibt angesichts der fortgesetzten Kontrolle der Bourgeoisie über die Wirtschaft eindeutig kapitalistisch, der Staat ist insgesamt weiterhin ein bürgerlicher. Ein bürgerlicher Staat freilich mit eigentümlichen Zügen, denn die Bourgeoisie hat im Verlaufe der letzten Jahre die Kontrolle über einige wichtige Teile ihres eigenen Staates eingebüßt. Wenn das widersprüchlich erscheinen mag, so ist dies letztlich nur ein weiterer Ausdruck der wirklichen Widersprüche in der venezolanischen Gesellschaft – die scharfe Klassenpolarisierung hat auch im Staatsapparat ihre Spuren hinterlassen.

So kam es in einigen Institutionen (Militär, PDVSA, Ministerien etc.) im Zuge der Niederlage der verschiedenen konterrevolutionären Initiativen zur Entfernung einer Reihe von offenen VertreterInnen bürgerlicher Interessen. Diese Teilerneuerung wichtiger Institutionen bedeutet in erster Linie die Stärkung jener führenden Elemente der bolivarischen Bewegung, die einer reformistischen Ideologie verpflichtet sind und der revolutionären Dynamik Einhalt gebieten wollen. Diese stellen allerdings keinen einheitlichen Block dar, sondern bilden ein unübersichtliches Geflecht aus verschiedenen Fraktionen und Cliquen, die sich bisweilen im offenen Konflikt miteinander befinden und dabei auf indirekte Weise die verschiedenen Konfliktlinien der Gesellschaft widerspiegeln. Diese neuen FunktionärInnen sind zugleich dem bürgerlichen Druck am direktesten ausgeliefert. Sie könnten ab einem gewissen Punkt zu TrägerInnen eines „Chavismus ohne Chávez" werden - eines der Rhetorik nach bolivarischen Projekts, jedoch beraubt all seiner revolutionären Dynamik.

Die relative Schwächung des alten Staatsapparats ändert solange an dessen grundlegendem Charakter nichts, als die Wirtschaft kapitalistisch bleibt und die Arbeiterklasse nicht in der Lage ist, einen neuen Staat nach völlig anderen Prinzipien zu begründen. Die Schwäche von Bourgeoisie und bürgerlichem Staat bedeutet allerdings auch, dass – eine bewusste, organisierte und geeinte Bewegung vorausgesetzt – der Aufbau einer revolutionären staatlichen Institution keine abstrakte Forderung für die Zukunft ist. Vielmehr handelt es sich dabei um das konkrete Ziel der nächsten Periode. So könnte ein revolutionärer Aufruf an die Bewegungen an der Basis, dass in jedem Betrieb, in jedem Viertel und in jedem Häuserblock Komitees von jederzeit abwählbaren Delegierten gewählt werden sollen, die Bildung einer alternativen Machtstruktur anstoßen. Diese Komitees würden sich zu lokalen und regionalen Delegiertenversammlungen zusammenschließen, diese wiederum eine Art revolutionäre Nationalversammlung wählen. Diese könnte dann in kurzer Zeit zur Verstaatlichung der wichtigsten Bereiche der Wirtschaft unter Arbeiterkontrolle übergehen. Was könnte die Oligarchie dann noch in die Waagschale werfen? Gewiss nicht viel – vor allem dann, wenn ein revolutionärer Aufruf an alle Reservisten der Armee zur Bildung demokratischer Soldatenkomitees und zur Schaffung von Arbeiter- und Wohnviertelmilizen ergeht. Diese Überwindung des bürgerlichen Staates könnte angesichts des gegebenen Kräfteverhältnisses in der venezolanischen Gesellschaft völlig unblutig vonstatten gehen; das Entscheidende an einem solchen revolutionären Schritt sind letztlich das Programm, die Perspektiven und die politische Überzeugung von der Notwendigkeit eines solchen qualitativen Sprunges.

Womit beginnen?

Auch wenn der venezolanische Staat eigentümliche Züge aufweist, belegt alle bisherige historische Erfahrung, dass in einer Revolution der alte Staatsapparat nicht einfach übernommen werden und für revolutionäre Ziele dienstbar gemacht werden kann. Ein neuer Staat lässt sich andererseits auch nicht per Dekret über die Köpfe der Massen hinweg ausrufen. Der Kampf für einen neuen, revolutionären Staat beginnt mit der Schaffung von Basiskomitees, die nicht nur den am weitesten fortgeschrittenen Teil der Bewegung repräsentieren, sondern allen unterdrückten Schichten als Instrument des gemeinsamen Kampfes dienen. In Ansätzen gab es bereits solch allgemeine, anhand einer konkreten politischen Herausforderung entstandene und von einer spezifischen Parteizugehörigkeit der AktivistInnen unabhängige Zusammenschlüsse. Die Bolivarischen Zirkel oder die UBE (*Unidades de Batalla Electoral*) während der Kampagne vor dem Abwahlreferendum im August 2004 hatten zumindest das Potenzial, sich zu einer embryonalen Form solcher Versammlungen zu entwickeln. Angesichts ständiger bürokratischer Versuche von bolivarischen FührungsfunktionärInnen, diese Komitees zu bloßen Ausführungsorganen ihres Willens zu machen, und angesichts des Fehlens klarer politischer Perspektiven und eindeutiger Programmatik konnten diese Zusammenschlüsse nicht zu alternativen Formen der Machtausübung heranwachsen. Sie orientierten sich allein an der Struktur der Wahlbezirke und fassten nicht in den Betrieben Fuß. Grundlegende Prinzipien wie eine jederzeitige Wähl- und Abwählbarkeit konnten sich nicht etablieren. Die in der ersten Hälfte des Jahres 2004 entstandenen UBE wurden allerdings bereits zum Austragungsort von teilweise heftigen Konflikten zwischen den Forderungen der Basis und bürokratischer Kontrolle – ein deutliches Zeichen für das Bedürfnis nach Selbstorganisation und für das Potenzial dieser Strukturen für eine echte Form revolutionärer Partizipation.

Um an diese Erfahrungen anzuknüpfen, schlagen wir die Bildung von *Unidades de Batalla por el Socialismo* (Kampfkomitees für den Sozialismus) vor. Diese sollten in jeder Fabrik, in jedem Gesundheitszentrum, in jedem

Stadtviertel etc. gebildet werden, um eine revolutionäre Politik voranzutreiben. Sie würden zugleich eine Verbindung zwischen den bewusstesten Aktivisten und der großen Masse der Anhänger der bolivarischen Revolution ermöglichen und damit die so dringend nötige Einheit der Bewegung schaffen. Diese Einheitsfrontorgane mit jederzeitiger Wähl- und Abwählbarkeit aller FunktionärInnen könnten alle wichtigen Fragen der heutigen Situation lösen: das Zurückdrängen der reformistischen Vorherrschaft in den Führungsriegen, den Aufbau einer neuen staatlichen Struktur, sowie die Frage der Macht in den Betrieben und über das bebaubare Land. Letztlich könnten diese Organe die Machtfrage stellen. Angesichts der derzeitigen überwältigenden Mehrheit für die bolivarischen Parteien in der Nationalversammlung könnte eine auf Einheit und landesweiter Organisierung basierende Bewegung von *Unidades de Batalla por el Socialismo* eine dem mehrheitlichen Wählerwillen entsprechende Politik der Nationalversammlung erzwingen und auch dort die jederzeitige Wähl- und Abwählbarkeit forcieren. Dies wiederum wäre die Grundlage für die wichtigsten Schritte zur Vollendung der Revolution: die Verstaatlichung der Produktionsmittel unter Arbeiterkontrolle und die Ersetzung des bürgerlichen Staates durch eine neue Struktur institutioneller Verwaltung, die genau auf diesem Geflecht von Komitees basieren würde.

Die „kubanische Perspektive"

Hugo Chávez wird von mehreren Seiten bedrängt. Einerseits sieht er sich mit der Ineffizienz und der Korruption innerhalb der eigenen Verwaltung konfrontiert, andererseits mit der Unmöglichkeit, die sozialen Probleme im Rahmen des Kapitalismus zu lösen. Gleichzeitig steht er unter dem Druck der mobilisierten Arbeiterklasse. Ab einem gewissen Zeitpunkt könnte sich Chávez unter diesem Druck gegen die eigene Staatsbürokratie wenden und die entscheidenden Bereiche der Wirtschaft verstaatlichen. Dieses „kubanische Szenario" erscheint – auch wenn es nicht das einzige ist – als ein immer wahrscheinlicherer Ausgang der Entwicklung.

Der Grund für diese Einschätzung liegt darin begründet, dass sowohl in Kuba

1959–1961 als auch im heutigen Venezuela die Politik der bestimmenden AkteurInnen nicht von einem ausgearbeiteten Konzept oder einem festgefügten Plan bestimmt war bzw. ist. Das Verhalten Fidel Castros war, ausgehend von einem reformorientierten Programm, in hohem Maße von Konfrontationen mit der einheimischen Bourgeoisie, dem Imperialismus und den bürokratischen Interessen innerhalb von Staat und Bewegung geprägt. Vorwärts getrieben durch die innere Logik der Ereignisse musste sich Castro gegen Teile seiner eigenen Bürokratie wenden. Die unmittelbaren Gefahren der Konterrevolution und die revolutionäre Begeisterung der Massen zwangen ihn, politische und wirtschaftliche Maßnahmen zur Abschaffung des Kapitalismus zu ergreifen.

Die Ähnlichkeiten mit der bisherigen Dynamik in Venezuela sind augenscheinlich. Die Wahrscheinlichkeit allerdings, dass sich dadurch in Venezuela ein stabiles Regime des proletarischen Bonapartismus – einer auf Planwirtschaft beruhenden Gesellschaft, in der die politische Macht nicht in den Händen der Arbeiterklasse selbst liegt – errichten ließe, darf in Zweifel gezogen werden. Denn jede bisherige Phase des revolutionären Prozesses hat zu einer immer stärkeren Organisierung und Beteiligung der Massen im Allgemeinen und der Arbeiterklasse im Besonderen geführt. Jeder weitere Schritt nach links würde diese Dynamik bestärken – der Anspruch der ArbeiterInnen und anderer Unterdrückter auf eine eigenständige, umfassende und demokratische Teilhabe wächst mit jeder Erfahrung. Der Ausgang einer solchen Entwicklung wäre in Venezuela zumindest offen, nicht zuletzt in hohem Maße abhängig davon, ob es den MarxistInnen gelingt, ein echtes Programm von Arbeiterkontrolle und demokratischer Planung in der Bewegung zu verankern.

Perspektiven für die Revolution

Auf kurze und mittlere Sicht kann sich die Revolution auf verschiedene Weise entwickeln. Die revolutionär-marxistischen Kräfte setzen sich für eine stärkere, eigenständige Rolle der Arbeiterbewegung und für eine Vertiefung der Diskussion über den Sozialismus ein. Ein Durchbruch würde hierbei die

Vereinigung der revolutionären Teile der Gewerkschaft UNT und die Umsetzung eines sozialistischen Aktionsprogramms für die zunehmenden betrieblichen Kämpfe bedeuten. Die Auseinandersetzungen in den *Clínicas Populares* und anderen Teilen der *misiones* können hier als Beispiel dienen. In ihnen fließen sowohl Forderung nach Arbeiterkontrolle als auch die notwendige Zurückdrängung reformistischer Vorherrschaft an der Spitze der bolivarischen Bewegung zusammen.

Eine weitere wichtige Front stellen die verstaatlichten oder besetzten Betriebe dar. Es gilt weitere Betriebe zu enteignen, eine echte Arbeiterkontrolle gegen bürokratische Vorstellungen der *cogestión* durchzusetzen und den Zusammenschluss der Betriebskomitees voranzutreiben. Daraus ergäbe sich die Möglichkeit, dass die Arbeiterklasse unter dem Einfluss eines marxistischen Programms eine führende Rolle in der bolivarischen Bewegung einnimmt. Dies würde ebenso die Grundlage für eine verallgemeinerte Bewegung von Komitees bzw. von *Unidades de Batalla por el Socialismo* schaffen. Alle unterdrückten Schichten würden in den revolutionären Prozess hineingezogen, ihr Vertrauen in die eigene Stärke würde gestärkt. Das ist die Voraussetzung dafür, dass die Massen die Macht durch ihre eigenen Organe ergreifen können. Es ist nicht ausgeschlossen, dass Chávez eine solche Entwicklung unterstützen würde. Je breiter diese Bewegung embryonaler Sowjets, je stärker die Arbeiterklasse und andere unterdrückte Klassen, desto weniger abhängig ist die Revolution von den Entscheidungen einer einzigen Person. Bis dahin bietet jedes weitere Nach-Links-Rücken von Hugo Chávez MarxistInnen die Möglichkeit, sozialistische Perspektiven in die Diskussion zu bringen.

Auch die gegnerischen Kräfte, obwohl geschwächt, werden in der nächsten Periode nicht untätig bleiben. Ihr Handlungsspielraum hängt in hohem Maße davon ab, ob die Revolution früh genug ihre Vollendung in Form eines proletarischen Halbstaates findet und dadurch die drängenden Probleme der Massen ernsthaft zu lösen beginnt. Eine Verlangsamung des Prozesses, ein zu langes Zögern oder eine prekäre Pattstellung zwischen reformistischen und revolutionären Kräften kann gerade bei den Ärmsten und Unterdrücktesten zu einem Abwenden von der Revolution führen. Dies wäre eine Chance für die bürgerlichen Kräfte, eine neue Offensive zu starten. Zugleich bleibt die venezolanische Revolution durch das gesamte Spektrum der Konterrevolution bedroht: Von ökonomischem und diplomatischem Druck, über weitere Putschversuche und versuchte Attentate auf Hugo Chávez, bis hin zu offenen Interventionen mit einem blutigen Massaker an allen AktivistInnen der Bewegung (*magnicidio*) reichen die Optionen. Auf die Möglichkeit einer kalten Putsches durch SpitzenfunktionärInnen aus Staat und bolivarischen Parteien haben wir bereits weiter oben hingewiesen (Chavismus ohne Chávez).

Was die venezolanischen Streitkräfte (FAN) betrifft, so ist dort die Situation weniger ruhig und kontrolliert als vielfach angenommen. Neben einer nicht geringen Zahl revolutionärer Offiziere niederen Ranges sympathisiert ein Großteil der einfachen Soldaten mit der Revolution. In Analogie zu den Ausführungen über den Staatsapparat gilt auch hier: Zuverlässig können die Streitkräfte erst dann sein, wenn deren bürgerliche Struktur überwunden wird sowie revolutionäre und demokratische Soldatenkomitees gemeinsam mit den Milizen in Betrieben, Stadtvierteln und Dörfern die Aufgabe der Verteidigung der Revolution wahrnehmen.

Insgesamt zeichnet sich der 1998 durch den Wahlsieg Hugo Chávez' initiierte Prozess weiterhin durch eine wachsende Dynamik aus – die Revolution befindet sich noch immer in einer aufsteigenden Phase. Mit der Verstaatlichung von VENEPAL erhielt diese Dynamik einen neuen, äußerst bedeutsamen Akzent: Aus der von verschiedenen Klassen und Schichten geprägten Volksbewegung kristallisierte sich erstmals die Arbeiterklasse als zentrale Akteurin heraus. Auch wenn sich diese Verschiebung des sozialen Schwerpunktes noch am Anfang befindet, wird der revolutionäre Prozess in Zukunft die wichtigsten Impulse und Vorgaben aus der Arbeiterbewegung erhalten. Dies bedeutet selbstredend nicht, dass andere soziale Bewegungen, wie jene der landlosen Bauern und Bäuerinnen, unterschätzt werden dürfen.

Die hier beschriebenen Ausführungen deuten letztlich alle in die gleiche Richtung: Die Voraussetzungen für große qualitative Fortschritte des revolutionären Kampfes sind gegeben. Der Klassenkampf, der nun innerhalb der bolivarischen Bewegung selbst stattfindet, ist nicht deren Makel, sondern der Motor für die zukünftigen Möglichkeiten. Im Rahmen dieser Auseinandersetzung stellt sich Frage der Arbeiterkontrolle und der Bildung von ersten Formen revolutionärer Machtausübung nicht abstrakt, sondern konkret. Die Bildung von *Unidades de Batalla por el Socialismo* stellt dabei eine Möglichkeit dar, für die Entstehung von Sowjets konkrete Ausgangspunkte zu schaffen.

Die Bedingungen für die sozialistische Revolution sind heute in Venezuela vorhanden. Isoliert wird die Bewegung aber nicht überleben können. Der Übergang zum Sozialismus kann nur der Auftakt für die Ausweitung der Bolivarischen Revolution auf ganz Lateinamerika sein. Die revolutionären Aufstände in Bolivien, die Öffnung des linken Flügels der KP Kubas für revolutionär-marxistische Ideen, die Massenbewegungen in praktisch allen Staaten Lateinamerikas usw. – überall schwingt das Pendel nach links. Es ist die Aufgabe von MarxistInnen, der entschiedenste, vorwärtstreibende Teil der Bewegung zu sein und dem revolutionären Instinkt der Massenbewegungen einen bewussten Ausdruck zu geben.

Zum Klassencharakter der Venezolanischen Revolution

Hugo Chávez wird in der „revolutionären" Linken zumeist als „Linkspopulist" und bürgerlicher Bonapartist hingestellt. Man möchte hinzufügen, dass diese wenig durchdachten Bezeichnungen dazu dienen, die eigene „revolutionäre" Untätigkeit zu rechtfertigen. Dass ein solches Urteil der Realität nicht standhalten kann, soll hier gezeigt werden.

Was die Bezeichnung – genauer: den Vorwurf – des „Linkspopulismus" betrifft, so wollen wir uns nicht lang damit aufhalten. Der Begriff ist bar jeder Wissenschaftlichkeit. Wenn damit eine Politik gemeint sein soll, die sich in Worten auf die Arbeiterklasse stützt, während sie andere Zwecke verfolgt, dann erklärt das noch lange nicht die gesellschaftlichen Verhältnisse aus denen ein solches Régime hervorgehen soll und in wessen Klasseninteresse er steht. Für manche Linke, desorientiert nach den Erfahrungen des Zurückweichens der 1990er, mag die ungewohnte Rhetorik einer Revolution, die Massenmobilisierungen in den bunten Nationalfarben und die endlose Begeisterung des Volks für Hugo Chávez befremdend wirken. Sie ziehen daraus den Schluss, dass Chávez die Bewegung für sich instrumentalisiert, dem Volk „nach dem Munde redet", um seine Macht zu sichern. Im Wesentlichen ist das nichts anderes als der Standpunkt der Oligarchie und des Imperialismus. Im Economist hieß es über Chávez einmal, dass er sich die Stimmen des Volks durch Sozialprogramme erkaufe.

Doch manchmal kommt das Unverständnis in scheinbar wissenschaftlicherem Gewande daher. Die marxistische Kategorie des Bonapartismus wird hervorgezaubert, um zu erklären, warum Chávez im Grunde nur die Arbeiterklasse für seine eigenen bürgerlichen Zwecke benutzt und warum sein Verrat an der Revolution schon vorgezeichnet ist.

Schlagen wir bei den Klassikern nach. Was genau ist eigentlich mit dem

Begriff Bonapartismus gemeint? Wir wollen zunächst die Theorie des Bonapartismus, wie sie von Marx, Engels, Lenin, Trotzki und Ted Grant entwickelt wurde, anhand verschiedener historischer Präzedenzfälle kurz zusammenfassen und dann eine klassenmäßige Einschätzung der venezolanischen Revolution vornehmen.

Marx und Engels

Karl Marx entwickelte in der Auseinandersetzung mit der Französischen Revolution von 1848 bis 1851 das politische Phänomen des Bonapartismus. Der Begriff versucht die absolute Herrschaft des Einzelnen aus dem Verhältnis und der Entwicklung gesellschaftlicher Kräfte zu erklären. Die konkrete Form, die diese Herrschaft annehmen kann, ist dabei abhängig von der jeweiligen historischen Stufe der Gesellschaftsentwicklung, und davon, ob sie aus der Geburtskrise eines Régimes oder der Krise seines Niedergangs hervorgeht. Während die idealistisch inspirierte Geschichtswissenschaft die Macht des Einzelnen, seine politische wie persönliche Biographie, seine Launen und Marotten in einem zufälligen Durcheinander geschichtlicher Willkür auflöst, zeigte Marx, welche Kräfte die Grenzen für jede Form der politischen Herrschaft bestimmen. Dies gilt auch für Régimes, welche scheinbar über der Gesellschaft schweben und alle Klassen und Gesellschaftsgruppen ihrem unbedingten Diktat unterworfen haben.
Im „Achtzehnten Brumaire des Louis Bonaparte" beschreibt Marx eine Form des Bonapartismus, wie sie in den Auseinandersetzungen der Bourgeoisie mit allen übrigen Klassen, allen voran dem Proletariat, entsteht. Die Bauernklasse, die erdrückende, seit der Großen Revolution zumeist konservative Mehrheit, bildet den Hintergrund der Ereignisse. Auf sie sollte sich „Napoléon Le Petit" letztlich stützen. Das Proletariat hat gerade erst begonnen, sich seiner historischen Aufgaben bewusst zu werden und betritt noch in Person des proletarischen Handwerkers die politische Bühne. Marx unterscheidet diese gesellschaftlichen Bedingungen klar von jenen, die nach der ersten französischen Revolution den Onkel an die Macht gebracht haben und stellt die Herrschaft des „Chefs des Lumpenproletariats" als lächerliche

Imitation des klassischen Bonapartismus dar. Der „klassische Bonapartismus" ging aus einer sozialen Revolution hervor, brachte den Bauern Land und den Soldaten der Eroberungskriege Ruhm. Die Variante des Neffen versuchte nur in der Sprache der Großen Revolution etwas viel Kleineres zu vollbringen. Die Revolution von 1848 war bloße politische Umschichtung innerhalb der herrschenden Klasse statt, keine fundamentale Umwälzung.

Dies ist nicht der Ort, der Geschichte der zweiten französischen Republik bis zu ihrem Untergang im einzelnen nachzugehen. Es soll genügen, die wichtigsten Stationen in der Interpretation Marxens zusammenzufassen. Es ist die Geschichte einer bürgerlichen Klasse, die die Staatsgewalt unter ihre direkte Kontrolle bringen wollte, ohne vom „Volk" unmittelbar politisch abhängig zu sein.

Dazu hatte sich die Methode des bürgerlichen Parlamentarismus über Jahrhunderte in England bewährt. Marx erkannte, dass die Republik – würde sie nicht unter zu direktem Druck des Volkes stehen, die ideale Regierungsform der verschiedenen Fraktionen des Kapitals sei, um gemeinsam regieren zu können. In der Zeit seit der ersten französischen Revolution war aber der „Totengräber" der bürgerlichen Herrschaft, das Proletariat, auf den Plan der Geschichte getreten. Die politischen Herrschaftsgelüste der Bourgeoisie wurden durch den unberechenbaren Faktor des Proletariats in die Schranken gewiesen. Schon in der ersten französischen Revolution war die Macht in die Hände einer anderen Klasse, des kleinbürgerlichen Radikalismus, gefallen. Diese hatte, gründlicher als es die Bourgeoisie vermocht hätte, mit dem Feudalismus gebrochen. Die Gefahren des Radikalismus saßen dem Bourgeois, der sich mit dem Hause Orléans bereits arrangiert hatte, noch in den Knochen. Und mit dem jungen Proletariat hatte er einen zunehmend selbstbewussten Gegner vor sich.

Die demokratischen Forderungen des Februars 1848, wenn sie sich nicht mehr eindämmen ließen, mussten in ungefährliche Bahnen gelenkt werden. Im Kampf mit der Demokratie zentralisierte die Großbourgeoisie im Laufe der Jahre 1848 bis 1851 die Macht auf sich, während die restlichen gesellschaftlichen Gruppen ohnmächtig zusehen mussten. Die einzige echte

Opposition gegen diesen Prozess, die junge Arbeiterklasse, war im Juni 1848 durch eine Koalition aller anderen gesellschaftlichen Gruppen niedergemetzelt worden. Als die politischen Errungenschaften der Republik nach und nach rückgängig gemacht wurden, konnten die republikanische Bourgeoisie und das Kleinbürgertum keine Kräfte dagegen mobilisieren, ohne als „sozialistisch" gebrandmarkt zu werden. Selbst der bürgerliche Liberalismus galt plötzlich als „sozialistisch". „Die Bourgeoisie hatte die richtige Einsicht, dass alle Waffen, die sie gegen den Feudalismus geschmiedet, ihre Spitze gegen sie selbst kehrten"1. Mit der revolutionären Energie zu spielen, welche in der Arbeiterklasse schlummerte, hätte die soziale Herrschaft der Bourgeoisie in Frage gestellt. Deshalb musste das Bürgertum die politische Herrschaft auf eine immer engere Basis stellen, bis die Republik zur Farce verkommen, schließlich unregierbar geworden war und durch einen coup d'état hinweggefegt wurde.

Folgen wir kurz dem Passionsweg der bürgerlichen Republik: Das Proletariat war bereits geschlagen, da fällt die Konstituierenden Versammlung durch militärische Erpressung, und mit ihr die republikanische Bourgeoisie. Die Junitage des Jahres 1849 enden für die kleinbürgerliche Demokratie in einer Schmach, die monarchistische Mehrheit der Nationalversammlung setzt sich über die republikanische Verfassung einfach hinweg. Im März 1850 fällt das allgemeine Wahlrecht, die Nationalversammlung wird zum Organ der Ordnungspartei, welche an ihren inneren Widersprüchen zwischen Legitimisten und Orléanisten desintegriert. Durch die politische Unsicherheit wird der Ruf nach einem Putsch durch Louis Bonaparte laut und der Chef des Pariser Lumpenproletariats, der seine Macht mit „Schnaps und Knoblauchswurst" zu sichern weiß, unterwirft das Land. Wie der Onkel stützt er sich dabei auf den Parzellenbauern und das „Übergewicht der Armee". Dabei ist der Parzellenbauer von 1851 jedoch bereits durch tausend monetäre Fäden vom städtischen Bürgertum abhängig.

Die Exekutivmacht des Staats verselbständigt sich und scheint über den Klassen zu stehen. So sehr sie sich auch im konkreten gegen die literarischen und politischen Vertreter der Bourgeoisie wenden mag – man denke an die Pressezensur und die Verfolgung kritischer Journalisten, die betrunkenen

Soldaten Bonapartes, welche die schaulustigen Bourgeois am Tage des Staatsstreichs auf der Straße zusammenschossen - die neue Herrschaft stellte für Marx dennoch eine entschieden bürgerliche Diktatur dar.

Indem also die Bourgeoisie, was sie früher als „liberal" gefeiert, jetzt als „sozialistisch" verketzert, gesteht sie ein, daß ihr eignes Interesse gebietet, sie der Gefahr des Selbstregierens zu überheben, daß, um die Ruhe im Lande herzustellen, vor allem ihr Bourgeoisparlament zur Ruhe gebracht, um ihre gesellschaftliche Macht unversehrt zu erhalten, ihre politische Macht gebrochen werden müsse; daß die Privatbourgeois nur fortfahren können, die andern Klassen zu exploitieren und sich ungetrübt des Eigentums, der Familie, der Religion und der Ordnung zu erfreuen, unter der Bedingung, daß ihre Klasse neben den andern Klassen zu gleicher politischer Nichtigkeit verdammt werde; daß, um ihren Beutel zu retten, die Krone ihr abgeschlagen und das Schwert, das sie beschützen solle, zugleich als Damoklesschwert über ihr eignes Haupt gehängt werden müsse.[2]

Bonaparte versucht „bald diese, bald jene Klasse bald zu gewinnen, bald zu demütigen", „unklares Hinundhertappen" ist seine prinzipielle politische Methode. Er stützt sich dabei in ständigem Kampf mit der Bourgeoisie einerseits auf die Bauern, andererseits auf das Volk im allgemeinen. Die Widersprüche können aber nicht gelöst werden, es entsteht ein Régime der permanenten Krisis:

„Er ist jedoch nur dadurch etwas, daß er die politische Macht dieser Mittelklasse gebrochen hat und täglich von neuem bricht....Indem er ihre materielle Macht beschützt, erzeugt er von neuem ihre politische Macht."[3]

Der Bonapartismus „möchte als Wohltäter aller Klassen erscheinen"[4], und muss sich doch letztlich auf eine Produktionsweise, auf ein Prinzip der Eigentumsform stützen. Diese Betrachtungsweise lässt eine

Charakterisierung eines Klassencharakters zu.

Lenin und Trotzki

Lenin und Trotzki führten Marxens Tradition fort. In Lenins Werk zur
Staatstheorie, Staat und Revolution, fasst er für sich den Grundgedanken der
Theorie noch einmal zusammen:

> Ausnahmsweise indes kommen Perioden vor, wo die kämpfenden
> Klassen einander so nahe das Gleichgewicht halten, daß die
> Staatsgewalt als scheinbare Vermittlerin momentan eine gewisse
> Selbständigkeit gegenüber beiden erhält." So die absolute Monarchie
> des 17. und 18. Jahrhunderts, so der Bonapartismus des ersten und
> zweiten Kaiserreichs in Frankreich, so Bismarck in Deutschland.5

Ähnlich Trotzki:

> Steckt man symmetrisch zwei Gabeln in einen Korken, dann kann er
> bei starken Schwankungen nach beiden Seiten sich sogar auf einem
> Stecknadelkopf halten: das eben ist das mechanische Modell des
> bonapartistischen Superarbiters. Der Grad der Solidarität einer
> solchen Macht, sieht man von internationalen Bedingungen ab, wird
> bestimmt durch die Stabilität des Gleichgewichts der antagonistischen
> Klassen im Innern des Landes.6

Bzw. andernorts:

> Gewiss, eine solche Regierung hört nicht auf, Kommis der
> Eigentümer zu sein. Doch sitzt der Kommis dem Herrn auf dem
> Buckel, reibt ihm den Nacken wund und steht nicht an, seinem Herrn
> gegebenenfalls mit dem Stiefel über das Gesicht zu fahren.7

Die Russische Revolution

Für den russischen Marxismus war die korrekte Einschätzung des Charakters der verschiedenen einander ablösenden Perioden der Revolution von überlebenswichtigem Interesse. Es fand – unter dem Druck der revolutionären Massen - eine sukzessive Verschiebung der politischen Macht weg von den direkten bürgerlichen Vertretern in der Regierung hin zu den sich nach rechts entwickelnden kleinbürgerlichen Demokraten statt.

Die im März 1917 (nach dem neuen Kalender) an die Macht gelangte Regierung präsentierte sich vor den Volksmassen als ihr Vertreter und suchte die Duldung durch die Arbeiterräte. Doch mit der Fortsetzung des Kriegs verflog bald der Einmütigkeitstaumel der Märztage. Das Verhältnis der relativen Stabilität verlor im Laufe seiner kurzen Existenz links und rechts an Unterstützung. Immer mehr bürgerliche Minister mussten im Interesse der Bourgeoisie und ihrer Kriegspolitik durch Sozialrevolutionäre und Menschewiki ersetzt werden. Die Bourgeoisie konnte ihre Herrschaft angesichts der Stärke der Massenbewegung nur mehr durch die Vertreter der kleinbürgerlichen Demokratie ausüben, die wiederum auf keinen Fall in Konflikt mit den wahren Herren – dem Großgrundbesitz, der Industrie und dem englisch-französischen Imperialismus – geraten wollte. Lieber heute als morgen hätten diese „Demokraten" mit den Sowjets Schluss gemacht, und doch gründeten sie ihre Legitimation auf die Zustimmung der Räte. In diesem Widerspruch gefangen, konnten sie das Land nicht mit bonapartistischem Terror unterwerfen.

Als es Anfang Juli zu spontanen Arbeiterdemonstrationen kommt, beginnt eine Hetzjagd auf die Bolschewiki. Unter diesen spezifischen Bedingungen gelingt es Kerenski, zum Ministerpräsident einer mit „uneingeschränkten Vollmachten" ausgestattete Regierung aufzusteigen. Einerseits teilt er Schläge gegen die „deutschen Agenten", d.h. die radikale Arbeiterbewegung in Form der Bolschewiki aus, andererseits schreckt er seine eigene Massenbasis mit der Gefahr einer offenen Diktatur der Bourgeoisie. Der Menschewik Fedor Dan drückte es in jenen Tagen so aus:

„Wir müssen ihr [der provisorischen Regierung] uneingeschränkte Vollmachten erteilen, damit sie die Anarchie von links und die Konterrevolution von rechts an der Wurzel untergrabe...“8

Was folgt, ist der verzweifelte Versuch, durch Zugeständnisse an die Bourgeoisie und ihre Generale die drohende Militärdiktatur zu verhindern: So wird beispielsweise die Todesstrafe an der Front eingeführt und ein Dekret erlassen, das den Abschluss von Bodentransaktionen einschränkt.9 Das Pendel schwingt weiter nach rechts, die Regierung zerfällt nach wenigen Wochen. Während Kerenski in der Moskauer Staatsberatung theatralisch seine Aufopferung für die Nation beschwört, lehrt draußen ein großer Streik der Nation das ungebrochene Selbstbewusstsein der Arbeiterklasse. Die Bourgeoisie drängt bereits auf eine endgültige Abrechnung mit der Revolution, der Räteherrschaft, der Demokratie. Sie sucht nach einem starken Mann aus dem Militär, nach einem „echten“ Louis Bonaparte. Sie glaubt ihn in der Borniertheit von General Kornilow gefunden zu haben, doch die Stärke der Arbeiterklasse verhindert letztlich seinen Sieg.

Lenin schätzte nach den Julitagen die Situation so ein, dass sich das Land am Rande eines Bürgerkriegs befände, was die „klassische Grundlage für den Bonapartismus“ wäre.10 Die ersten Schritte Richtung Bonapartismus seien von Kerenski schon gesetzt worden.

Der Bonapartismus in Russland ist kein Zufall sondern das natürliche Produkt der Entwicklung des Klassenkampfes in einem kleinbürgerlichen Land mit einem beträchtlich entwickelten Kapitalismus und einem revolutionären Proletariat. Geschichtliche Stufen wie der 20. und 21. April, der 6. Mai, der 9. und 10. Juni, der 18. und 19. Juni und der 3. bis 5. Juli sind alles Landmarkierungen die sehr klar zeigen, wie die Vorbereitungen für den Bonapartismus getroffen werden. Es wäre ein sehr großer Fehler zu glauben, dass eine demokratische Situation den Bonapartismus ausschließen würde. Im Gegenteil, in genau einer solchen Situation (wie die Geschichte Frankreichs zweimal bewiesen hat) erhebt sich der Bonapartismus, unter einem gewissen, Verhältnis zwischen den Klassen und ihrem Ringen.11

Trotzki entwickelt in seiner „Geschichte der Russischen Revolution" diesen Gedanken genauer. Er ortet lediglich „Elemente des Bonapartismus"12 in Kerenskis Herrschaft. Als eigentlicher „Schicksalslenker" der Nation wartet aber Kornilow auf seinen 18. Brumaire. Kerenski ist für Trotzki deshalb kein ganzer Bonaparte, weil sich in seiner Person lediglich der vergängliche Moment des Gleichgewichts zwischen Bourgeoisie und Arbeiterklasse ausdrückt. Er verfügt über keine materiellen Mittel, d.h. in erster Linie eine treue bewaffnete Formation, um diese Stabilität längerfristig aufrechtzuerhalten. Mit umso gewaltigeren Phrasen versucht daher der gelernte Advokat die Nation einzuschüchtern. Er musste an die russische Bourgeoisie und Russlands Verbündeten im Ersten Weltkrieg appellieren, ihnen zeigen, dass es ihm um die Fortsetzung des Kriegs ernst war. Trotzki fasste es so zusammen: „Ohne die Macht des Bonapartismus zu besitzen, besaß die Kerenskiade alle seine Laster."13

Zunächst schien es Ende Juli 1917 so, als ob der Höhepunkt der Verfolgung der Bolschewiki tatsächlich den Beginn der bonapartistischen Konterrevolution bedeuten würde. Es gab eine starke Dynamik in Richtung einer bonapartistischen Machtübernahme. Nur die erfolgreiche Mobilisierung gegen den Putsch General Kornilows, welche den Bolschewiki den Weg zur Macht ebnete, konnte die Militärdiktatur noch aufhalten.

Der Weg zum Faschismus – Hindenburg, Brüning, Papen, Hitler

Trotzki analysiert auch die politischen Krisenrégimes der Zwischenkriegszeit mit dem Instrumentarium des Bonapartismus. In seiner Analyse des Aufstiegs des Faschismus in Deutschland erklärt er, dass die Regierungsformen vor der Machtübernahme Hitlers einen sich zuspitzenden bonapartistischen Charakter trugen. Die Regierung Brüning bezeichnet er als vorbonapartistisch, insofern als sie das Gleichgewicht der Klassen emporhob: „Im Reichstag fand Brüning eine Mehrheit, die ihn der Notwendigkeit enthob, mit dem Reichstag zu rechnen."14 Er regiert mit Notverordnungen am Reichstag vorbei. Schon in der Wiederwahl Hindenburgs liegen Elemente des Bonapartismus, zumal es ein Votum für einen starken Mann ist, der von vielen als Garant für die Verhinderung eines Bürgerkriegs gesehen wird.15 Dieser Prozess der Verselbständigung der Bürokratie vom Parlamentarismus führt schließlich dazu

> die Bande mit dem Reichstag zu zerreißen. (...) Mit dem rechten Ellbogen stützt sie [die Regierung von Papens] sich auf Hitlers Schulter. Mit der Polizeifaust wehrt sie sich auf der linken gegen das Proletariat. Darin liegt das Geheimnis ihrer „Stabilität", d.h. der Tatsache, dass sie im Moment ihrer Entstehung nicht zusammenbrach.16

Für Trotzki hielt es allerdings bereits zum Amtsantritt der Regierung Papen für wahrscheinlich, dass ihr nicht einmal die „Hundert Tage" beschieden sein werden. Als ähnlich instabil sollte sich die Regierung Schleicher erweisen. Der „klassische Bonapartismus" entwickelte sich unter Bedingungen, als der Bourgeoisie ihr historisches Produkt und „Totengräber", die Arbeiterschaft, noch nicht als numerisch und politisch starke Klasse gegenüberstand. Unter den konkreten Verhältnissen der Zwischenkriegszeit musste eine solche Regierung zwangsläufig ein Krisenrégime darstellen. Die bloße Macht eines Polizeistaats würde mit der Arbeiterbewegung, die zwar geschwächt, aber nicht zerschlagen war, nicht fertig werden. Die Massenbewegung der organisierten Arbeiterklasse muss mit einer bewaffneten radikalen Massenbewegung bekämpft werden – zu diesem Schluss kommt die deutsche Bourgeoisie seit Anfang der 1930er Jahre immer klarer. Es handelt sich nach Trotzki aber nicht um die bloße „offene terroristische Diktatur der reaktionärsten, chauvinistischsten Elemente des Finanzkapitals" (Dimitroff):

> Wie aber die Spitzen der liberalen Bourgeoisie seinerzeit außerstande

waren, aus eigener Kraft mit Monarchie, Feudalität und Kirche fertig zu werden, so sind die Magnaten des Finanzkapitals außerstande, aus eigener Kraft mit dem Proletariat fertig zu werden. Sie brauchen die Hilfe des Kleinbürgertums. Zu diesem Zweck muss es aufgepeitscht, auf die Beine gebracht, mobilisiert und bewaffnet werden. Doch diese Methode ist gefährlich. Während die Bourgeoisie sich des Faschismus bedient, fürchtet sie ihn.[17]

Dies ist nicht der Ort, Trotzkis Faschismustheorie im Detail nachzuzeichnen. Für unsere Zwecke soll es uns genügen, das Verhältnis der einander ablösenden Regierungen zu analysieren. Die zugespitzten Klassenkämpfe unter den Bedingungen der Wirtschaftskrise machten die Herrschaft der Bourgeoisie über parlamentarisch-demokratische Wege zunehmend unmöglich. Die bonapartistischen Regierungen erwiesen sich allerdings als zu schwach, um die Widersprüche zwischen Kapital und Arbeit auszugleichen. Durch extra-staatliche Gewalt muss die Herrschaft der Bourgeoisie komplettiert werden. Einmal an der Macht, wendet sich der Faschismus gegen seine kleinbürgerlichen Kettenhunde („Röhmputsch") und wandelt sich letztlich, wie Trotzki bereits im Zusammenhang des italienischen Faschismus feststellte, zu einer „militärisch-bürokratischen Diktatur bonapartistischen Typs"[18]. Am Ende des faschistischen Kampfes um die Macht steht also erneut eine Form der bonapartistischen Herrschaft.

Der qualitative Unterschied zwischen Papen und dem an die Macht gekommenen, stabilisierten Faschismus liegt darin, dass im ersten Falle das Gleichgewicht der Kräfte auf äußerst hohem Klassenkampfniveau entsteht. Papen ist bloßer „Knoten unpersönlicher geschichtlicher Kräfte"[19], ein Knoten, der jederzeit zerrissen zu werden droht. Trotzki erwartete auf der anderen Seite für den Fall, dass Hitler an die Macht kommen würde, „Erschütterungen, mit dem Risiko eines langwierigen Bürgerkrieges"[20]. Angesichts der lähmenden Politik von SPD und KPD blieben diese Zusammenstöße aus. Hitler konnte ohne wesentlichen Widerstand der organisierten Arbeiterbewegung die bonapartistische Diktatur errichten. Am Ende thront die Hitlersche Bürokratie über der Gesellschaft, unterwirft

Arbeiterklasse wie die Reste des freien Unternehmertums und stabilisiert sich angesichts des kriegsvorbereitungsbedingten Aufschwungs. Der ganze Prozess führte zu einer noch weitergehenden „politischen Expropriation" der herrschenden Klasse, des Bürgertums. Zwar machte Hitler sein Versprechen wahr und führte Deutschland in die Revanche für den Ersten Weltkrieg. Hier offenbart sich deutlich, welchem Herr er diente. Doch sollte sich dabei die nationalsozialistische Bürokratie mit Hitler an der Spitze so weit der Kontrolle durch die Bourgeoisie entziehen (Judenvernichtung, Kriegsstrategie), dass von einem Exekutivorgan des Finanzkapitals im direkten Sinne nicht gesprochen werden kann. Der faschistische Staat war eine besondere Form des Bonapartismus.

Die Degeneration der Sowjetunion

Die vorangegangen historischen Beispiele vollzogen sich alle auf der Grundlage kapitalistischer Produktionsverhältnisse. Im Falle der Sowjetunion lag eine ganz andere Klassenkonstellation dem Prozess zu Grunde. Die wirtschaftliche Rückständigkeit und die Isolation nach dem Scheitern der ersten revolutionären Welle nach dem Weltkrieg bildeten den Hintergrund der Tragödie. Die (wenn auch undemokratisch organisierte) Planwirtschaft bot einen Spielraum für die Konsolidierung der Macht der Arbeiterbürokratie.

> Grundlage des bürokratischen Kommandos ist die Armut der Gesellschaft an Verbrauchsgegenständen mit dem daraus entstehenden Kampf aller gegen alle. Wenn genug Waren im Laden sind, können die Käufer kommen, wann sie wollen. Wenn die Waren knapp sind, müssen die Käufer Schlange stehen. Wenn die Schlange sehr lang wird, muss ein Polizist für Ordnung sorgen. Das ist der Ausgangspunkt für die Macht der Sowjetbürokratie. Sie „weiß", wem sie zu geben, und wer zu warten hat.

Trotzki fasst den Werdegang seiner Analyse des Stalinismus in seiner Schrift

„Arbeiterstaat, Thermidor und Bonapartismus" zusammen. Er räumt ein, dass er seine Einschätzung revidieren musste, auch deshalb, weil lange nicht klar war, in welche Richtung sich das Stalinsche Zentrum bewegen würde. Die Schwierigkeit bestand auch darin, dass es sich seiner Meinung nach um ein noch nie da gewesenes soziökonomisches Phänomen handelte. Die Diskussionen der 1920er Jahre waren immer wieder in den Kategorien der Großen Französischen Revolution geführt worden. So mancher Teilnehmer hielt nach dem sowjetischen Thermidor Ausschau, mitunter ohne genauer zu definieren, was darunter eigentlich gemeint war. Trotzki weist darauf hin, dass es bei der Abfolge von Robespierre – Thermidor – Direktorium - Bonaparte nur um Verschiebungen der politischen Macht zwischen Handwerkertum, mittlerer Bourgeoisie und Finanzkapital handelte. Der Prozess vollzog sich auf der Grundlage der neuen bürgerlichen Eigentumsverhältnisse.

Hinter dem Schreckgespenst, das oft als „Thermidor" in der russischen Diskussion auftauchte, verbarg sich die Gefahr einer kapitalistischen Restauration aus dem rechten Flügel der Sowjetbürokratie selbst.

Die stalinistische Bürokratie regulierte nach Trotzki die Widersprüche, die sich

> „zwischen Stadt und Land, zwischen Proletariat und Bauernschaft (diese beiden Widerspruchspaare sind nicht identisch), zwischen den nationalen Republiken und ihren Distrikten, zwischen den verschiedenen Gruppen der Bauernschaft, zwischen den verschiedenen Gruppen des Proletariats, zwischen den verschiedenen Verbrauchergruppen und schließlich zwischen dem Sowjetstaat insgesamt und seiner kapitalistischen Umgebung"21

auftun, mehr noch: sie ist Produkt dieser Widersprüche. Und weiter: „Die Bürokratie reguliert diese Widersprüche, indem sie sich über die arbeitenden Massen erhebt."22 Die Logik der Zentralisation der Macht reißt jeden Aspekt der Gesellschaft in ihren Sog, wird totalitär:

Die Widersprüche innerhalb der Bürokratie selbst haben zur Auslese eines kommandierenden Ordens geführt; die Notwendigkeit der Disziplin innerhalb dieses Ordens hat zur Herrschaft einer einzelnen Person und zum Kult um den unfehlbaren Führer geführt. Im Betrieb, im Kolchos, auf der Universität, in der Regierung, überall herrscht ein und dasselbe System vor: Der Führer und sein treues Gefolge – alle anderen folgen dem Führer. Stalin war nie Massenführer und konnte seiner Natur nach nie Massenführer sein; er ist der Führer der bürokratischen „Führer", ihre Krönung, ihre Personifizierung.23

Trotz aller Konterreformen im Überbau bestand Trotzki allerdings bis zu seiner Ermordung 1940 auf der Charakterisierung der UdSSR als „entarteter Arbeiterstaat unter der Diktatur der Bürokratie"24:

Historisch gesehen, wurde die Sowjetdemokratie letzten Endes durch den Druck der sozialen Widersprüche gesprengt. Das machte sich die Bürokratie zunutze und entriss den Massenorganisationen die Macht. In diesem Sinn kann man von einer Diktatur der Bürokratie und sogar von der persönlichen Diktatur Stalins sprechen. Doch diese Usurpation war nur möglich und ließ sich nur aufrechterhalten, weil der soziale Inhalt der bürokratischen Diktatur durch die Produktionsverhältnisse definiert wird, die die proletarische Revolution geschaffen hat. In diesem Sinne kann man mit vollem Recht sagen, daß die Diktatur des Proletariats in der Diktatur der Bürokratie unzweifelhaft ihren wie immer entstellten Ausdruck gefunden hat.25

Die Chinesische Revolution

In China hatten die internationalen Kräfteverhältnisse nach dem zweiten Weltkrieg in Kombination mit der traditionellen Schwäche des chinesischen Bürgertums die Macht in die Hände der Kommunistischen Partei (tatsächlich eine von Kleinbürgern geführten Partei, die sich auf die Bauernschaft stützte) fallen lassen. Die Arbeiterklasse hatte an der Revolution praktisch keine

Rolle gespielt. Der maoistische Hinweis auf die „Führung der Arbeiterklasse" lässt sich nur im historischen Maßstab rechtfertigen, weil Mao im Laufe des Prozesses zum Machterhalt Maßnahmen ergreifen musste, die nach der traditionellen marxistischen Vorstellung der Arbeiterklasse zufielen: Die Vergesellschaftung der Produktionsmittel und die Errichtung einer geplanten Wirtschaft. Die Führung lag dabei nicht bei der Klasse selbst. Im Gegenteil: Sie wurde völlig politisch entmündigt und zuweilen durch prokapitalistische Politik in Zaum gehalten.

Da die Revolution nie eine eigenständige Rolle der Massen im politischen Prozess auf nationaler Ebene erlebt hatte, ergab sich auch keine dem sowjetischen „Thermidor" entsprechende Phase – es gab kein „Zurückrollen" der Revolution. Im Endeffekt ergab sich trotz der unterschiedlichen Genesis des maoistischen und des stalinistischen Régimes ein ähnliches politisches System – ein bürokratisch deformierter, bonapartistisch regierter Arbeiterstaat. Die ungelösten Fragen der Nationswerdung, der Landverteilung und der patriarchalischen Gesellschaftsstruktur standen einer Entwicklung auf bürgerlicher Basis entgegen und zwangen die Maoisten auf den Weg der permanenten Revolution. Eine wirtschaftliche Vorwärtsentwicklung verlangte die fortschreitende Enteignung der Imperialisten sowie ihrer lokalen Handlanger. Dem kapitalistischen System wurde so das Rückgrat gebrochen, ohne dass eine klassische proletarische Revolution stattgefunden hatte. Die Macht konnte nur auf Grundlage der Abschaffung des Privateigentums an den Produktionsmitteln (bzw. zumindest der Schlüsselindustrien und Banken) abgesichert werden. Dies war nach Ted Grant trotz der historischen Rückständigkeit dieser Länder möglich,

wegen der faulenden Überreife des Weltkapitalismus hinsichtlich der sozialistischen Revolution. Aber die gesamte Geschichte zeigt, dass dort, wo ... die neue fortschrittliche Klasse unfähig ist, ihrer Aufgabe die Gesellschaft zu verändern gerecht zu werden, diesen Aufgabe oft (vielleicht auf reaktionäre Art und Weise) von anderen Klassen oder Kasten umgesetzt wird. So wandelten sich in Japan große Teile der feudalen Großgrundbesitzer zu Kapitalisten, und in Deutschland ...

führten die landbesitzenden Junker Ostpreußens unter Bismarck und der Monarchie die nationale Einigung Deutschlands durch – eine Aufgabe der bürgerlich-demokratischen Revolution.26

Grant schrieb dazu bereits 1949, also noch bevor die Notwendigkeit eines unmittelbar bevorstehenden Übergangs zu sozialistischen Methoden ins Bewusstsein der maoistischen Führung getreten war:

> Die Revolution in China beginnt mit einer bonapartistischen Deformation, nicht weil es in den Notwendigkeiten der Revolution innewohnen würde, sondern im Gegenteil wegen den besonderen nationalen und internationalen gesellschaftlichen Umständen,... . Es hat viele Bauernkriege in China geben und was normalerweise passiert wäre, wäre, dass die Führung sich mit der Bourgeoisie verschmelzen würde, sobald sie in den Städten einrückt, und es eine klassische kapitalistische Entwicklung geben würde. Der Marxismus lehrt, dass die Bauernbewegung eine Führung in den Städten entweder in der Bourgeoisie oder im Proletariat finden muss. Wo es die Bourgeoisie ist, da haben wir natürlich eine kapitalistische Entwicklung. Wo das Proletariat die Führung übernimmt, haben wir die sozialistische Revolution. Hier haben wir eine merkwürdige Variante von letzterem, weil die Bauernbewegung eine zentralisierte Führung in der Form der stalinistischen Partei hat, die ihre Wurzeln in Moskau hat. Indem sie sich auf die Bauernschaft stützt, rückt sie in den Städten ein, nicht mit dem Ziel und dem Erscheinungsbild einer wirklichen kommunistischen Partei, sondern mit dem Ziel, ihre Macht durch Manövrieren zwischen den Klassen zu errichten. Sie macht das, indem sie ihre soziale Basis in das Proletariat verlagert — nicht als die direkte Vertreterin des Proletariats wie bei einer bolschewistischen Partei — sondern auf bonapartistische Weise.27

Grant modifiziert hier die Position Trotzkis, der ein Verschmelzen der Bauernpartei KPCh mit der Bourgeoisie der Städte vorhergesagt hatte. Die

Verschmelzungstendenzen waren zwar gegeben, doch unter den konkreten Kräfteverhältnissen auf internationaler Ebene wie im Inneren musste sich der Bonapartismus gegen diese Tendenzen wenden, um an der Macht bleiben zu können. Die Frage einer erfolgreichen Industrialisierung mit einer nach Plan arbeitenden Landwirtschaft waren für das Régime überlebenswichtig. Hätte es nicht das Vorbild der UdSSR gegeben, und wäre es aus geopolitischen Gründen für die USA besser gewesen, China finanziell und militärisch zu protegieren, vielleicht hätte sich China auf den Weg einer bürgerlichen Diktatur begeben. Eine kurze Periode zwischen 1949 und 1950 war die weitere Vorgangsweise innerhalb der Führung der KP noch umstritten. Einmal „sich nach einer Seite gelehnt", wie die Chinesen sagen, geriet China in einen Sog, der unausweichlich in der völligen Expropriation der Bourgeoisie enden musste.

Für das Dorf hieß das, den Einfluss der ländlichen Bourgeoisie, der reicheren Bauern, zu brechen. In mehreren Vergesellschaftungskampagnen hatte die Führung der KP versucht, der Probleme Herr zu werden. Der Widerstand der Bauernschaft konnte allerdings nicht gebrochen werden. Als diese Methoden scheiterten, trat Mao die Flucht nach vorn an. Die Kollektivierungsbewegung von 1955/56 und schließlich der „Große Sprung nach vorn" von 1958 waren der Versuch, den gordischen Knoten der ländlichen wie industriellen Entwicklung zu zerschlagen.

Der Widerstand des Dorfes erwies sich allerdings als hartnäckig. Die technische Rückständigkeit verbunden mit der Korruptionsanfälligkeit einer armen Gesellschaft wogen schwer. Die Unmöglichkeit, auf bürokratische Weise einen integrierten Wirtschaftplan zu erstellen, gaben den Marktbefürwortern wieder Auftrieb. In der Phase unmittelbar nach dem Großen Sprung wurde die Landwirtschaft wieder entdeckt. Wie die Kaiser über die Jahrhunderte gegen das aufkommende Handwerk, das Handelskapital und den rudimentären Feudalismus gekämpft hatten, auf dass die größtmögliche Zahl in der Landwirtschaft arbeite – so gab die KP nach dem Großen Sprung die Parole aus „Die Landwirtschaft als Basis, die Industrie als führender Faktor", was sich de facto auf „alle Kräfte in die Landwirtschaft" hinauslief. Damit wurden aber die spontanen kapitalistischen Züge der Bauernschaft gestärkt. Verbunden mit den fehlenden demokratischen Kontrollmechanismen begann sich die Gesellschaft wieder nach dem alten Muster auszudifferenzieren. Die ländlichen „Kader" nahmen die Funktion der alten kaiserlichen Beamten ein, während an der Basis der Gesellschaft der ländliche Kapitalismus erwachte.

Mao erkannte die soziale Sprengkraft dieser Entwicklung einerseits und die zersetzende Wirkung der Bürokratisierung auf die Planwirtschaft andererseits. Mehr noch: Er sah in diesen Spannungen die Chance, mit Hilfe der Armee wieder zum unbestrittenen Führer der Partei, und damit zum mächtigsten Mann des Landes, aufzusteigen. So schuf er durch seine Verbindungen zur Volksbefreiungsarmee die Roten Garden, mit denen er die Parteibasis einschüchtern wollte. Er wollte gesellschaftliche Kräfte kontrolliert mobilisieren, anstatt einen Militärputsch zu erzwingen. Erst als sich die Roten Garden in streitenden Fraktionen spaltete – und zwar entlang der Bruchlinien, die auch durch die Gesellschaft als Ganzes liefen – musste er sukzessive die Macht des Militärs einsetzen. Arbeiter, arme Bauern machten ihrem Unmut Luft. Bürgerkriegsartige Zustände erfassten das Land. Die UdSSR drohte China anzugreifen. All das waren die Faktoren, die auf eine Befriedung durch das Gewehr hinausliefen. Am Ende des Prozesses stand die totale Kontrolle des Militärs über alle gesellschaftlichen Bereiche. Die schiere Macht des Schwerts sollte nun das erreichen, was der erhoffte Bauernkommunismus des Großen Sprungs nicht herbeiführen hatte können. Damit war allerdings der Drahtseilakt nicht beendet. Um die Gefahr eines Militärputsches durch seinen Stellvertreter Lin Piao abzuwenden, musste Mao die verstoßene alte Garde zurückholen. Er mobilisierte die Parteibürokratie gegen die Armee, um selbst die Herrschaft über die Armee sicherzustellen.

Maos Politik war zu jedem Zeitpunkt in höchstem Maße von der politischen Konjunktur der Klassengegensätze und den Konflikten innerhalb der Bürokratie bestimmt. Je nach Lage des Kräfteverhältnisses tat er sich mit der einen oder anderen Fraktion zusammen, um sich gegen die jeweiligen Gegner zu wenden. Ideologische Festigkeit wäre für einen Bonapartisten nur hinderlich gewesen. Einen „ideologischen Faden" zu finden, der sich durch die Karriere des Mao Tse-Tung zieht, ist daher nicht möglich – außer man erhebt die ideologische Willkür, die für eine permanente Zick-zack-Politik notwendig ist, zum politischen Programm. Die Vorgangsweise des „Großen Vorsitzenden" war bis zuletzt empirisch motiviert gewesen. Versuche, einen „marxistisch-leninistischen" Flügel um Liu Schao-tschi einerseits und einen nationalistischen Flügel um Mao andererseits auszumachen, müssen an den Tatsachen scheitern, schon allein weil der „Marxismus-Leninismus" sowjetischer Prägung ebenfalls eine nationalistische Ideologie darstellte und allerhand ideologische Kehrtwendungen seit der Machtübernahme Stalins vollzogen hatte. „Linke" schlugen in „rechte" Positionen um, und vice versa. Im Grunde handelte es sich nur um Schattierungen verschiedener Einschätzungen über die weitere Vorgangsweise in der Bürokratie selbst.

Der Stalinismus ist ein Krisenregime, dessen ständige Angst vor politischen Unruhen permanent Spaltungen in der herrschenden Clique erzeugt. Die Selbstzerfleischung der herrschenden Schicht, nur vergleichbar mit dem historischen Präzedenzfall UdSSR, hatte ihre materielle Basis im Widerspruch zwischen einer politisch entrechteten, zum Kapitalismus neigenden Bauernschaft und der Unfähigkeit der nationalen Bourgeoisie, die Wirtschaft im Konflikt mit dem Imperialismus eigenständig zu entwickeln. Diese Zusammenkunft musste schließlich die Bauernarmee in Richtung Vergesellschaftung vorwärts stoßen und den Klassencharakter des neuen Staats auf eine neue Ebene heben. Das internationale Vorbild der UdSSR war dafür ausschlaggebend. Die gegenseitige Hemmung der Klassen führte zum Aufstieg des Bonaparte Mao.

Bürgerliche Herrschaftsformen vs. proletarischer Bonapartismus in der kolonialen Revolution

Eine ähnliche Entwicklung wie in China konnte in Vietnam, Laos, Kambodscha, Burma, Syrien, Angola, Mosambique, Benin, Äthiopien, Kuba und im Jemen beobachtet werden. In diesen Fällen wurde im Kampf mit dem Imperialismus der Kapitalismus abgeschafft. Das Gros der Wirtschaft wurde verstaatlicht, Quantität schlug in Qualität um - es kam zur Bildung deformierter Arbeiterstaaten. In anderen Ländern wurde dieser Punkt nicht überschritten. Es kam nur zu Teilverstaatlichungen im Interesse der nationalen Bourgeoisie, die sich im Kampf gegen den internationalen Monopolkapitalismus durchsetzen wollte. So etwa im Falle Cárdenas im Mexiko der 1930er oder im Ägypten Nassers. Trotzki selbst sah nie eine Situation, bei der der Versuch der nationalen Befreiung vom Imperialismus im Sinne des „Staatskapitalismus" in eine Revolution gegen den Kapitalismus als Ganzes umschlug, ohne dass dem Proletariat dabei eine tragende Rolle zukam.

Bonapartismus „sui generis"?

Die spezifische Klassensituation exkolonialer Länder, sowie die Paria-Situation im kapitalistischen Weltsystem ergeben gerade auch in Lateinamerika kompliziertere Fragestellungen bezüglich Staat und Arbeiterklasse.

Die Entdeckung und Ausplünderung Lateinamerikas war eine der zentralen Motoren der ursprünglichen kapitalistischen Kapitalakkumulation in Europa, in Lateinamerika kann man diese Jahrhunderte als Periode der „ursprünglichen Deakkumulation" bezeichnen. Die partielle Integration in den Weltmarkt bedeutete die Schaffung von Exportenklaven, in denen über Jahrhunderte die höchsten Mehrwertraten in der entstehenden kapitalistischen Ökonomie zu erzielen waren. Die Akkumulation dieses Mehrproduktes erfolgte allerdings in den kolonialen (und später den imperialistischen) Zentren. Der Aufschwung der kapitalistischen Akkumulation in Europa bedeutete an anderen Ufer des Atlantiks Verarmung der lateinamerikanischen Massen, unfreie Arbeitsverhältnisse (von feudalen Arbeitsverhältnissen bis hin zum Sklaventum) und die Entstehung einer geschichtsohnmächtigen „nationalen" Oberschicht, die unfähig ist auch nur eine der historischen Aufgaben des Bürgertums wie Landreform oder eine stabile Demokratie zu erfüllen. Trotzki erkannte in diesem kombinierten, aber in den Auswirkungen konträren Prozessen die Gesetzmäßigkeit der „kombinierten und ungleichen

Entwicklung".

Unter dem Eindruck der französischen und nordamerikanischen Revolution entwickelten sich auch in Lateinamerika im frühen 19. Jahrhundert revolutionäre Unabhängigkeitsbewegungen. Führungspersönlichkeiten wie Simón Bolívar, Simón Rodríguez, José Antonio Artigas, José Martí, Sucre... waren die politischen und militärischen Eltern dieser politischen Unabhängigkeit, endeten in Folge aber allesamt als tragische Helden, da ihre Bewegungen von der „eigenen" Oligarchie unterdrückt und verraten wurden. Mit Blick auf den Klassencharakter der ehemaligen Kolonien konnte die kleine Oberschicht Lateinamerikas nur zwischen der völligen Unabhängigkeit und Einheit Lateinamerikas verbunden mit der sozialen Revolution oder der Beibehaltung der bestehenden sozialen Ordnung, inklusive dem Verzicht auf eine eigenständige kapitalistische Entwicklung entscheiden. Die kreolische Elite entschied sich dazu, ihren gegebenen Status als Brückenkopf kolonialer Ausbeutung beizubehalten, ermordeten und verrieten die Unabhängigkeitshelden, ohne jedoch den Klassenkonflikt in den Jahrzehnten nach der politischen Unabhängigkeit völlig unterdrücken zu können. Die schlussendliche Durchsetzung der kapitalistischen Produktionsweise in Lateinamerika war eher dem Fortschritt in den kapitalistischen Zentren geschuldet, als einer autonomen Entwicklung. Die Entwicklung hin zum Imperialismus verlangte in den ehemaligen Kolonien eine ökonomische Struktur, die fähig war die ausländischen Kapitalinvestitionen aufzunehmen. Als Bündnispartner diente hier wiederum der Klasse der einheimischen Großgrundbesitzer und Händler. Ergebnis war die Fortsetzung der sektoralen Integration in den Weltmarkt, die aufgrund der höheren Vitalität der wirtschaftlichen Aktivitäten jedoch weit größere Landstriche und Bevölkerungsteile umfasste und damit die soziale Dynamik weit mehr beeinflusste als es die koloniale semi-feudale Produktionsweise konnte. Immer größere Ländereien wurden der exportorientierten Plantagenproduktion einverleibt (und damit eine große Klasse von landlosen lohnabhängigen Bauern geschaffen), moderne Häfen, Transport- und Kommunikationsstrukturen gebaut, Banken und Produktionsbetriebe gegründet. Der Aufstieg des Kapitalismus in Lateinamerika bedeutete für die breite Masse einen weiteren

Verarmungsschub, der über Jahrzehnte bis ins zwanzigste Jahrhundert anhielt.

Die entstehende einheimische Bourgeoisie war ökonomisch und politisch schwach. Der kapitalistische Markt war voll auf den vom Imperialismus kontrollierten Außenmarkt ausgerichtet und daher sehr krisenanfällig, eine breite gesellschaftliche Basis konnte sich die wirtschaftliche und politische Elite so nicht sichern (vergleiche etwa die Möglichkeit der europäischen und nordamerikanischen Staaten die Führung der Arbeiterklasse dank Extraprofite aus der imperialistischen Ausbeutung materiell und ideell ins bürgerliche System einzugliedern). Die lateinamerikanische Form der bürgerlichen „Demokratie" war daher immer ein elitäres und schwachbrüstiges Projekt, das in versteckter oder offener Form immer die starke Hand der Militärs und/oder US-amerikanerischer Interventionen bedurfte um am Leben zu bleiben.

Durch die sozialen Erschütterungen, die durch die fallenden Welthandelspreise nach Ende des Ersten Weltkrieges ausgelöst wurden, entstand in lateinamerikanischen Nationen die Notwendigkeit, und im Zuge der steigenden Rohstoffpreise während des Zweiten Weltkrieges auch die temporäre Möglichkeit einer Binnenmarktorientierten wirtschaftlichen Entwicklung. Vorreiter dieser Entwicklung war hier Mexiko. In der mexikanischen Revolution von 1911/12 wurde die herrschende exportorientierte Oligarchie besiegt und durch eine binnenorientierte sogenannte „Revolutionselite" ersetzt. Diese neue „Elite" orientierte sich an einer autonomen mexikanischen Entwicklung, ohne dass es dafür eine soziale Basis in Form einer national orientierten Bourgeoisie gegeben hätte; diese musste erst geschaffen werden. Das Regime stützte sich für dieses Projekt der bürgerlichen Modernisierung daher auf die breite Masse der landlosen Bauern und die Arbeiterklasse. Diese sozialen Schichten wurden seit der Revolution institutionell über staatliche und quasi staatliche Organisationen (Gewerkschaften, Bauernorganisationen,...) an den Staatsapparat und seine kapitalistische Modernisierungspolitik gebunden.

Erleichtert wurde diese Politik, die später in den Grundzügen in Ländern Lateinamerikas nachvollzogen wurde, durch das Bündnis der kommunistischen Parteien mit ihrer „nationalen" Bourgeoisie. Die lateinamerikanischen kommunistischen Parteien, sind in ihrer Mehrheit erst nach der Stalinisierung der Sowjetunion entstanden, und machten jeden Schwenk der reformistischen Außenpolitik der Sowjetunion mit. Arbeiterintelektuelle wie der Gründer der Sozialistischen Partei Mariategui in Peru oder Juan Antonio Mella, einer der Gründer der kommunistischen Partei Kubas, orientierten sich in der verschärften fraktionellen Auseinandersetzung in der Komintern zwar deutlich an der „Internationalen Linken Opposition" Trotzkis, starben aber zu früh um in den jungen Kommunistischen Parteien eine klassenunabhängige, internationalistische Position durchzusetzen. Wo die KommunistInnen an revolutionären Bewegungen teilnahmen. oder diese anführten geschah dies gegen den Willen Moskaus, und/oder auf individuellen Entscheidungen der Parteimitglieder.

Ihren Höhepunkt erreichte diese Politik in Mexiko unter der Präsidentschaft von Cárdenas. Basierend auf einer Streikwelle, die sich ab 1934 ausbreitete wagte Cárdenas, die Eisenbahnen und die Erdölindustrie komplett aus den Händen mulinationaler Konzerne zu enteignen. Damit nicht genug übergab er die Leitung dieser Unternehmen an die Gewerkschaften. In Abwesenheit einer tragfähigen einheimischen Bourgeoisie wurden also ehemals private Betriebe verstaatlicht, um so Raum für eine bürgerliche nationale Entwicklung einzuleiten. Der selben Logik folgend wurde die Leitung dieser Betriebe an die über zwei Jahrzehnte domestizierte und den Staat gebundene Bürokratie der Arbeiterorganisationen übergeben.

In einem zu seiner Zeit nie veröffentlichten Artikel aus dem Jahr 1938 beschäftigt sich Trotzki mit der Frage eben dieser mexikanischen Nationalisierungen. Das Phänomen der Politik von Cárdenas beschrieb er dabei folgendermaßen:

„In den industriell rückständigen Ländern spielt das Auslandskapital eine entscheidende Rolle. Hieraus entspringt die relative Schwäche der nationalen Bourgeoisie in Bezug auf die Arbeiterklasse. Somit werden besondere Bedingungen für die Staatsmacht geschaffen. Die Regierung schwankt zwischen ausländischem und einheimischen

Kapital, zwischen einer schwachen einheimischen Bourgeoisie und einer relativ starken Arbeiterklasse hin und her. Dies gibt der Regierung einen bonapartistischen Charakter sui generis und mit einem speziellen Charakter."28

Diese Arbeitsthese Trotzkis stellt die Analyse und Praxis der MarxistInnen in der venezolanischen Revolution keineswegs in Frage. Wie wir später noch zeigen werden unterscheidet sich Trotzkis Methode und Praxis gegenüber der Politik von Cárdenas in keinem Haarbreit von der aktuellen Praxis der MarxistInnen in der venezolanischen Revolution. Zuerst jedoch wollen wir hier die Gelegenheit nützen die Unterschiede zwischen Cárdenas und Chávez und der jeweiligen historischen Situation herauszuarbeiten.

Cárdenas war, wie später Peron in Argentinien, integraler Bestandteil der herrschenden bürgerlichen politischen und ökonomischen Elite, die sich aus den gegebenen Gründen teilweise auf die Organisationen der Arbeiterklasse und die landlose Bauernschaft stützen musste. Die Wahl von Chávez im Jahr 1998 jedoch war völlig losgelöst von und gegen die Interessen der herrschenden Oligarchie gerichtet. Seine Wahlbewegung stützte sich auf soziale Organisationen in den Stadtvierteln und im Militär, seinem Wunsch auch führende GewerschafterInnen (die selben Persönlichkeiten die heute als FührerInnen des klassenkämpferischen Flügels der UNT gelten) in seine Wahlbewegung zu integrieren wurde von Seiten jener nicht entsprochen.

Die ursprünglichen Ziele der bolivarischen Revolution waren sehr bescheiden: eine demokratische Verfassung, soziale Reformen, eine Landreform und nationale Souveränität.

Allein die sich entfalteten Klassenwidersprüche ließen eine solche Entwicklung nicht zu. Anstatt die Klassenauseinandersetzung zu zähmen, löste der Wahlsieg von Chávez und die eingeleitete Massenpolitisierung im Zuge der Diskussion um die neue Verfassung eine Verschärfung der Klassenwidersprüche ein, ein Prozess gegen den er sich nicht wehrte, sondern den er in den kommenden Jahren sogar immer wieder von der revolutionären Bewegung einfordert. Die Reaktion der Oligarchie, Putsch und Unternehmeraussperrung (2002 und 2003), die „Peitsche der

Konterrevolution" halfen den revolutionären Prozess zu radikalisieren. Als letztes Mittel ergriff die bürgerliche Opposition das verfassungsmäßige Recht des Abwahlreferendums während der Amtszeit. Nach einer wochenlangen Wahlschlacht stimmten am 15. August 2004 56 Prozent der WählerInnen für seinen Verbleib im Amt. Seither liegt die Opposition völlig zerschmettert am Boden, das aufgescheuchte und verängstigte Kleinbürgertum lässt sich kaum noch mobilisieren, die oppositionellen Parteien schaffen es nicht mehr eine gemeinsame politische Strategie zu formulieren, und ihre Repräsentanten sind ein Jahr vor der kommenden Präsidentschaftswahl völlig diskreditiert und chancenlos, wie es auch die Parlamentswahl vom 4. Dezember eindrücklich unterstrich.

Chávez ist ehrlich bemüht sein Land voranzubringen, aber er ist kein Marxist, zeigt und zeigte sich in verschiedenen zentralen Situationen, in denen es ein leichtes gewesen wäre mit dem Kapitalismus radikal zu brechen zögerlich. Gleichzeitig musste er sich aus eigener Erfahrung eingestehen, dass es Venezuela auf Basis des Kapitalismus nicht möglich ist grundlegend voranzukommen, er hat diese Situation reagiert, und machte es zu seinem ausgesprochenen Ziel die „Produktionsverhältnisse" zu ändern, wenn man auch als Marxist anmerken kann, dass seine bevorzugte Variante, nämlich die Bildung von Kooperativen diesem Ziel nicht gerecht werden wird können. Aber sogar wenn man seine Schwankungen und Halbheiten in den Mittelpunkt der Analyse stellt muss man zum Ergebnis kommen, dass seine Politik bar jeder bürgerlichen Logik ist. Zumindest bar jedes halbwegs vernunftbetonten und intelligenten bürgerlichen Halb-, Ganz-, oder „sui generis"–Bonapartismus. Seine hohe Popularität nach dem Sieg im Abwahlreferendum im August 2004, nützte er etwa nicht um die revolutionäre Bewegung zu beruhigen und zu institutionalisieren. Stattdessen verkündet Chávez die „Zehn neuen Strategien", den „Grossen Sprung nach vorne", ruft die „Revolution in der Revolution" aus, unterschreibt Dekrete zur Enteignung privater Betriebe (mittlerweile auch solche die auf niedriger Kapazität produzieren, insgesamt 1149), übergibt staatliche Firmen der Arbeiterselbstverwaltung, nimmt Abschied vom „Dritten Weg" und besteht darauf, dass die bolivarische Revolution nur im Sozialismus verwirklicht werden könne, lässt zu, dass die Milizbewegung in weiten Teilen von Gewerkschaften und Bauernorganisationen dominiert ist, unterstützt den „Krieg gegen den Großgrundbesitz, bezeichnet die Bürokratie in „seiner" MVR als größte Gefahr für die Revolution, und fordert in seiner sonntäglichen Fernsehshow Menschen dazu auf in allen Stadtvierteln, ökonomischen Einheiten etc. parallel zu den bürgerlichen Institutionen Komitees zu formen, die „Mutterzellen des Sozialismus im 21. Jahrhunderts"...... alles geschehen in wenigen Monaten nach dem Referendum.

Es braucht schon eine gehörige Portion Phantasie um in all diesen Maßnahmen die Handschrift eines (getriebenen) bürgerlichen Politikers zu erkennen, vor allem angesichts der Tatsache, dass die große Schwäche der venezolanischen Revolution eben gerade darin liegt, dass sie bisher keine starken und permanenten Organe der proletarischen Klassenherrschaft hervorgebracht hat. Wahr ist vielmehr, dass Chávez in den vergangenen Jahren nicht nur der Dynamik der Bewegung nachgegeben hat, sondern auch die Klassenauseinandersetzung anstachelte und ermunterte anstatt sie zu behindern, und dies in so zentralen und letztendlich die Revolution entscheidenden Fragen wie den Eigentumsverhältnissen in der Industrie und der Ländereien. Interessant ist zudem, dass in der Auseinandersetzung mit der staatlichen Bürokratie (und aufgrund eines damit verbundenen innergewerkschaftlichen Konfliktes) die neue Gewerkschaftsbewegung UNT ihre Unabhängigkeit vom Staatsapparat bei gleichzeitiger Unterstützung für den Präsidenten betont und lebt. Die Frage Arbeiterbewegung oder „Bolivarianismus", wird so nur von den Rechten, mit der Oligarchie verbundenen Kräften in der UNT gestellt – und von Politsekten aller Façons.

Die Entwicklungsperspektiven der venezolanischen Revolution und von Hugo Chávez selber sind in mehrere Richtungen offen und hängen von internationalen Entwicklungen genauso ab, wie vor allem von der Entwicklung der innervenezolanischen Klassenauseinandersetzung. Eines jedoch ist klar: mit Chávez gibt es kein Zurück mehr zu einem normalen kapitalistischen Staatswesen. In Wirklichkeit stellt sich die Frage nicht allzu kompliziert: Mit Chávez ist die städtische Armut, die Arbeiterklasse, die Bauernbewegung und die Mehrheit der Armee, gegen ihn steht die einheimische Bourgeoisie, der Imperialismus, und die Mehrheit des Kleinbürgertums, deren öffentlich formulierte Strategie es ist ihn tot zu sehen, um eine militärische Intervention, die zweite Option vermeiden zu können. Anhand dieser einfachen Tatsache wird jede historische Herleitung überflüssig, jede „theoretische" Konstruktion des „Chávez bonaparte bourgeois" zu einer Vergewaltigung des Marxismus. So unbewusst hat die Geschichte seit Beginn der Zeit noch nie agiert, als dass die gesellschaftlichen Klassen die Repräsentanz ihrer Klasseninteressen wechselseitig verwechselt hätten. Was wir in Venezuela sehen können ist die Permanente Revolution in voller Entwicklung. Ruhig und zuversichtlich arbeiten die MarxistInnen der Internationalen Marxistischen Strömung am Aufbau der marxistischen Strömung im Rahmen der bolivarischen Bewegung.

„Die Philosophen haben die Welt nur verschieden interpretiert; es kommt aber darauf an, sie zu verändern."29

Wir kommen nicht umhin hier festzustellen, dass die scholastische Marxismusverdrehung der Bonapartismus-"TheoretikerInnen" sowohl in der politischen Diskussion als auch in der revolutionären Praxis auf voller Länge scheitert.

In der venezolanischen Realität schaut dieses Scheitern folgendermaßen aus: eine konterrevolutionäre Demonstration in Caracas im August 2005 bringt ca. 200 aufgescheuchte und hysterische Kleinbürger auf die Strasse. Auffälligstes Element dabei: ein Block namens „Bandiera Rossa", zu deutsch „Rote Fahne". Diese Politsekte materialisiert ihren Gedanken in Taten und gehört zu den Hardcore-Sektoren der Konterrevolution. Ihre Analyse: Chávez ist ein bürgerlicher Bonapartist. Immerhin lässt sie ihrer Analyse Taten folgen und bekämpft dieses „bürgerliche Regime" mit allen Mitteln. Als sich revolutionäre Studierendenorganisationen auf der Zentralen Universität in Caracas trafen um eine Einheitsfront zu bilden, stürmte Bandiera Rossa den Ort des Treffens, setzte Schusswaffen und Tränengas ein um zu verhindern dass „das bonapartistische Regime sich auf der Universität organisatorisch verankert". Es ist nicht richtig, die Anhänger der Idee der „Chávez = Bonapartist" pauschal in die Nähe konterrevolutionärer Terroristen zu rücken, allerdings müssen jene sich die Feststellung gefallen lassen, dass sie analytisch Revolution und Konterrevolution nicht immer säuberlich voneinander trennen können/wollen. Argumente wie „die hohe Inflation frisst die Löhne auf.", „Chávez hetzt die Polizei auf Streikende", „hier funktioniert nichts, Chávez ist für die Guarimba-Sabotageakte verantwortlich", „die Auslandsinvestitionen haben 2004 zugenommen".... sind empirisch richtig, oder zumindest teilrichtig, verwechseln aber die Urheberschaft der widersprüchlichen gesellschaftlichen Dynamiken, die eine Revolution per definitionem freisetzt. Wenn man basierend auf diesem empirischen Befund dann zum Schluss kommt, dass wir es mit „Staatskapitalismus" oder „Bonapartismus" usw. zu tun hätten, dass die CTV von staatlichen Eingriff geschützt werden muss, während man die UNT als „Staatsgewerkschaft" bezeichnet, hat man keine Chance aktiv in die revolutionäre Bewegung zu intervenieren, weil man argumentativ und de facto bereits im Lager der Konterrevolution steht.

Die venezolanische Revolution ist für uns MarxistInnen nicht nur eine theoretische, sondern in erster Linie eine praktische Herausforderung. Eine revolutionäre Organisation, der es unmöglich ist in einer Revolution eine revolutionäre Organisation aufzubauen, allein weil sie schon an aufgeworfenen theoretischen und methodischen Fragestellungen scheitert, es nicht wert als eine solche genannt zu werden. Während unsere venezolanische Schwesterorganisation ihren dritten Kongress feiert, nachdem sie gemeinsam mit der internationalen Kampagne „Hände weg von Venezuela" führend am Kampf um die Nationalisierung unter Arbeiterkontrolle beteiligt war und ist, wird nun von Teilen der „ultra-revolutionären" Linken „die Frage aufgeworfen, ob wir in Venezuela überhaupt von einer Revolution sprechen können und welchen Charakter der gegenwärtige Prozess in Venezuela hat."30

Wir scheuen es nicht unsere Herangehensweise an die bolivarische

Revolution mit der Haltung Trotzkis zu Cárdenas zu vergleichen. Lassen wir Trotzki weiter zur Problemstellung verstaatlichter Betriebe im Rahmen des Kapitalismus sprechen:

> „Diese Maßnahmen bleiben völlig innerhalb des Rahmens des Staatskapitalismus. In einem halbkolonialen Land jedoch, befindet sich der Staatskapitalismus unter heftigem Druck des ausländischen Privatkapitals und ihrer Regierungen, und kann sich ohne die aktive Unterstützung der ArbeiterInnen nicht halten. Daher kommt es, dass die Regierung, ohne die wahre Macht aus der Hand zu geben, den Arbeiterorganisationen eine beachtenswerte Verantwortung für die Produktion in den nationalisierten Betrieben lässt.31

Was sollte die Politik der Arbeiterpartei in diesem Fall sein? Es wäre jedenfalls ein desaströser Fehler, ein vollständiger Betrug, zu behaupten dass der Weg zum Sozialismus, nicht über die proletarische Revolution, sondern über die Enteignungspolitik verschiedener wirtschaftlicher Sektoren durch den bürgerlichen Staat und deren Überführung in die Hände von Arbeiterorganisationen wäre. Aber um diese Frage geht es nicht. Die bürgerliche Regierung selbst hat die Nationalisierung durchgeführt, und ist gezwungen die Arbeiter in das Management der nationalisierten Industrie teilhaben zu lassen. Man kann diese Frage natürlich umgehen, indem man die Tatsache zitiert, dass solange das Proletariat die Macht nicht erobert hat, die Teilnahme der Gewerkschaften im Management von staatskapitalistischen Unternehmen, keine sozialistischen Resultate hervorbringen wird. Eine solche negative Haltung von Seiten der revolutionären Flügels jedoch würde von den Massen nicht verstanden werden, und opportunistische Positionen stärken. Für MarxistInnen geht es nicht darum den Sozialismus in den Händen der Bourgeoisie aufzubauen, sondern darum die Situationen die ein Staatskapitalismus eröffnet, zu nützen um die revolutionäre Bewegung der ArbeiterInnen voranzubringen."32

Wir haben bereits weiter oben herausgearbeitet, dass uns ein Vergleich von

Mexiko 1938-Venezuela 2005 es ungeeignet erscheint um die venezolanische Revolution zu verstehen, und trotzdem ist die Haltung von Trotzki zu den Cárdenas-Verstaatlichungen bestens geeignet den Unterschied zwischen Sektierertum und Marxismus zu beleuchten. Während der schablonenhafte Sektierer jeden lebenden Prozess in seine Schemata einkastelt und die Arbeiterklasse permanent, mal ängstlich – mal hysterisch, vor den möglichen Gefahren warnt, sehen MarxistInnen in jedem sich auftuenden Konflikt und gesellschaftlichem Widerspruch die Chance die Ausgangsposition der Arbeiterklasse und damit jene der sozialistischen Revolution zu verbessern.

Welche Richtung die venezolanische Revolution in Zukunft einschlägt, kann zum jetzigen Zeitpunkt nicht definitiv vorausgesagt werden, diese Frage ist offen, und wird nicht durch theoretische Herleitungen, sondern durch die lebenden Klassenkräfte entschieden werden. Bevor ein historischer Prozess nicht alle in seinem Schoss schlummernden Kräfte zum Ausdruck gebracht hat, kann und darf er von MarxistInnen nicht vorzeitig begraben werden. Trotzki selber arbeitet in der Analyse von Cárdenas mit dem sehr sperrigen provisorischen Arbeitsbegriff der „Regierung eines bonapartistischen Charakters sui generis und mit einem speziellen Charakter". Er verortet diese Radikalisierung des Prozesses 1938 im Rahmen der mexikanischen Revolution ab 1911 und weist auf die zeitliche Beschränktheit seiner momentan Einschätzung hin:

> „Um die Enteignungen in den Augen der bürgerlichen öffentlichen Meinung zu kompromittieren, präsentieren sie als „kommunistische" Maßnahme. Historische Ignoranz vermischt sich hier mit bewusster Täuschung. Das halbkoloniale Mexiko kämpft für seine nationale Unabhängigkeit, sowohl im politischen, als auch im ökonomischen. Das ist die fundamentale Bedeutung der Mexikanischen Revolution zu diesem Zeitpunkt."[33]

Und losgelöst von aller methodischen Herangehensweise ist es eine Grundvoraussetzung dass MarxistInnen im historischen Maßstab erkennen können was progressiv ist und was nicht. Trotz der staatskapitalistischen Grenzen der mexikanischern Verstaatlichungen, zögert Trotzki nicht diese als historischen Fortschritt uneingeschränkt willkommen zu heißen:

„Ohne Illusionen zu erliegen und ohne Angst vor Verleumdung, unterstützen die fortschrittlichen ArbeiterInnen die mexikanischen Menschen in ihrem Kampf gegen die Imperialisten voll und ganz. Die Enteignung des Erdöls bedeutet weder Sozialismus noch Kommunismus. Aber es ist ein hoch-progressiver Akt der nationalen Selbstverteidigung. Marx hat Abraham Lincoln klarerweise nicht für einen Kommunisten gehalten; dies hat Marx jedoch nicht davon abgehalten seine tiefste Sympathie für jenen Kampf, den Lincoln angeführt hat, auszudrücken."34

Und er beließ es nicht bei dieser Aussage, sondern in weiteren Artikel und Briefen rief er die britische Arbeiterbewegung und ihren organisatorischen Ausdruck, die Labour Party dazu auf konkrete Maßnahmen zu setzen um dies Nationalisierungen und den mexikanischen Prozess in seiner Gesamtheit gegenüber der Aggression des Imperialismus zu schützen, forderte dazu auf den mexikanischen Prozess in Britannien zu verteidigen:

„Feste Entschlossenheit ist notwendig um die kriminelle Hand der imperialistischen Gewalt zu paralysieren. Ich ende daher so wie ich begonnen habe: die öffentliche Weltmeinung wartet auf die feste Stimme der britischen Labour Party!"35

Damit nicht genug, ließ er sich auf eine öffentliche Polemik mit Diego Rivera ein, die schlussendlich mit dem politischen und persönlichen Bruch zwischen Trotzki und der bekanntesten Figur der entstehenden Vierten Internationale und seinem persönlichen Gastgeber in Mexiko führte. Teil dieser Auseinandersetzung war u.a. dass Trotzki vehement verteidigte, dass Mexiko, das durch den Boykott seines Erdöls durch die USA und Britanniens schwer getroffen war, Handelsbeziehungen zu Nazi-Deutschland aufnahm und dafür sogar symbolische diplomatische Gesten, wie die Entfernung eines antinazistischen Wandbilds Riveras am Flughafen von Ciudad Mexiko in Kauf nehmen musste. Seine Begründung: Als halbkoloniales Land unter wirtschaftlicher Blockade ist Mexiko nicht in der Lage sich seine Handelspartner und politischen Gesten frei auszuwählen.

Die Venezolanische Revolution

Nach diesem Streifzug wollen wir die allgemeinen Wesenszüge noch einmal zusammenfassen. Der Bonapartismus erhebt sich über eine besondere Konstellation der Klassen, in der Form der „Herrschaft des Schwertes". Er teilt auf der einen Seite Schläge nach unten aus und verdient sich damit die Dankbarkeit der Ausbeuterklassen (bzw. der Bürokratie im Falle des Stalinismus). Auf der anderen Seite verwehrt er sich gegen jede Ambition der wirtschaftlich herrschenden Klasse auf direkte politische Mitbestimmung. Er verfolgt ihre politischen VertreterInnen mit dem langen Arm des Staatsapparats und schüchtert sie ein. Die allumfassende politische Unfreiheit der gesamten Gesellschaft ist sein allgemeinster Wesenszug. Zusätzlich wendet er sich auch mit Zugeständnissen an Teile der unterdrückten Klassen/Schichten, sofern der wirtschaftliche Spielraum dafür vorhanden ist. Doch dies dient nur als Flankenschutz für die Diktatur.

Wie kommt es zu bürgerlich bonapartistischen Régimes? Das Bürgertum kann einerseits mit demokratischen Methoden die Herrschaft über die Arbeiterklasse und die Bauernschaft nicht mehr aufrecht erhalten. Andererseits gelingt es den unterdrückten Klassen nicht, durch ihre eigenen Organe die Macht des alten Staatsapparats zu zerschlagen. Eine Situation der gegenseitigen Hemmung tritt ein. Das alte bürgerliche System wird nicht mehr mit den unterdrückten Massen fertig, die alten herrschenden Klassen wünschen sich nichts seliger als einen starken Mann, der mit der Revolution aufräumt. Der Ruf nach gewaltsamer Schlichtung der Klassenwidersprüche steigt. Durch den Putsch scheint der Kampf „so geschlichtet, daß alle Klassen gleich machtlos und gleich lautlos vor dem Kolben niederknien" (Marx).

Im Lichte der marxistischen Theorie zeigt sich daher die Absurdität der Behauptung, Chávez sei ein bürgerlicher Bonapartist. Wir erleben in Venezuela keineswegs eine Einschränkung der politischen Beteiligung aller Klassen. Man muss sogar ohne Übertreibung sagen, dass Venezuela das demokratischste Land der Welt ist, ein Land in dem sich alle Klassen wie nirgendwo sonst am politischen Leben beteiligen: ArbeiterInnen können offen über Enteignung unter Arbeiterkontrolle diskutieren, gleichzeitig ruft im Privatfernsehen die Oligarchie zum Sturz von Chávez auf. Eben weil Venezuela so demokratisch ist, treten auch alle Widersprüche der Klassenherrschaft offen zu Tage. Erinnern wir uns daran, was Lenin über die Monate nach der Februarrevolution schrieb. Auch in Venezuela ist die bürgerliche Demokratie der klassische Boden dafür, dass der Ruf nach einem Bonaparte laut wird, um zunächst die bürgerliche Demokratie, dann jede Form der politischen Kontrolle selbst durch die politischen VertreterInnen der Oligarchie zu unterdrücken.

Die neue Verfassung hat die Stellung des Präsidenten gestärkt, heißt es. Formal betrachtet beinhaltet die Neufassung der Konstitution Elemente bonapartistischer Herrschaftsmethoden (z.B. Plebiszite). Doch in der gesellschaftlichen Realität hat Chávez dem Druck der Massen die Schleusen geöffnet, anstatt die Bewegung gleichzuschalten. Chávez selbst rief die WählerInnen der kommenden Parlamentswahlen dezidiert nicht dazu auf seine Wahlbewegung, die MVR zu wählen, sondern die Kandidaten der „bolivarischen Vielfalt".

In seiner Rolle als national-revolutionärer kleinbürgerlicher Demokrat hat er dem revolutionären Prozess zweifellos einen mächtigen Anstoß gegeben.

Allerdings: Die an die Oberfläche drängenden Widersprüche, sichtbar gemacht durch die demokratische Form der Herrschaft der Bourgeoisie, verlangen früher oder später nach einer Entscheidung. „Echte" Demokratie und die Klassenherrschaft der Bourgeoisie sind unvereinbar. Wenn sich im Volk eine Mehrheit für die Enteignung einer Minderheit findet, dann stellt das die Grundfesten der bürgerlichen Gesellschaft in Frage. Zur Zeit liegt die

Opposition nach drei gescheiterten Kampagnen (der Putschversuch im April 2002, die Aussperrung des folgenden Winters und das Abwahlreferendum 2004) und dem hilfslosen Agieren im Vorfeld der Dezemberwahl 2005 am Boden. Noch zeichnet sich keine Person ab, die den venezolanischen Bonaparte mimen könnte. Die bürgerliche Opposition ist am Boden zerschmettert und politisch handlungsunfähig. Sie wird immer wieder zu den Mitteln von Terrorakten und Mordanschlägen greifen, steht aber einer zur Zeit noch ungebrochenen revolutionären Welle gegenüber. Die Konterrevolution ist gezwungen auf eine bessere Situation warten zu müssen, um losschlagen zu können. Wer heute von bürgerlichem Bonapartismus in Venezuela spricht, begeht den „unwesentlichen" Fehler, nicht zwischen Revolution und Konterrevolution unterscheiden zu können!

Zerschlagung des alten Staatsapparats

Was nun aber „ist" der venezolanische Staatsapparat? Es ist scholastisch, die Frage nach dem Klassencharakter des heutigen venezolanischen Staats per se zu stellen. Als solcher bleibt er immer ein Instrument der Oligarchie, korrupt und unreformierbar – ein bürgerlicher Staatsapparat – allerdings einer der längst nicht mehr normal, also im Sinne der Bourgeoisie funktioniert. Wieso sollten bürgerliche Generäle ansonsten gegen einen von ihnen vollständig kontrollierten Staatsapparat putschen wollen?

Wir müssen aber vielmehr die Frage stellen, in welche Richtung sich die Revolution entwickelt und was das für den Staatsapparat heißt. Natürlich: Er ist historisch das Instrument der besitzenden Klasse, aber sie kann ihn zur Zeit nicht so einfach für ihre Zwecke verwenden. Durch die ansteigende Revolution, durch den Druck der Massen hat der traditionelle Staatsapparat an Funktionstüchtigkeit für die Bourgeoisie eingebüßt. Diese scheinbare „Unabhängigwerdung" des Staatsapparats hat aber eine andere Ursache als im Falle einer bonapartistischen Herrschaft. Während beim Bonapartismus alle Klassen vor dem Schwert des Staatsapparats niederknien, entwickelt sich der Klassenkampf in Venezuela ungehindert – ganz ohne einen starken Schiedsrichter.

Der Marxismus lehrt: Es ist unmöglich, den vorhandenen Staatsapparat für die Eroberung der Macht durch das Proletariat zu verwenden. Durch genau diese Erfahrung geht die venezolanische Revolution gerade. Selbst ein Teil der Bolivarischen Bewegung, der an der Spitze des Staatsapparats steht, könnte diesen Weg gehen. Von vornherein alles als „bürgerlich" und konterrevolutionär abzutun, was mit dem Staatsapparat zu tun hat, wäre ein großer Fehler. Wir wissen aus der Geschichte, dass auch in anderen Revolutionen (neben den bereits erwähnten Entwicklungen der degenerierten Arbeiterstaaten nach 1945, muss hier vor allem an die portugiesische Revolution von 1974 erinnert werden) ein Flügel des Staatsapparats (konkret des Militärs) auf die Seite der Revolution gewechselt ist.

Innerhalb des Korsetts eines bürgerlichen Staatsapparats vollzieht sich zur Zeit eine klassenmäßige Differenzierung. Eine Schicht der FührerInnen der Bolivarischen Bewegung – auch im Staatsapparat selbst – erkennt zusehends die Unmöglichkeit einer friedlichen Koexistenz mit der Oligarchie und findet in der erstarkenden Arbeiterbewegung einen gesellschaftliche Stütze. Mehr noch: Sie erkennt die Unmöglichkeit, mit dem bürgerlichen Staatsapparat ihr Reformwerk zugunsten der Bevölkerung umzusetzen. Auf Regierungsebene werden fortschrittliche Gesetze erlassen, doch auf dem Weg durch den Verwaltungsapparat geht die Initiative irgendwo verloren. Oder aber die Polizei wird - entgegen den Weisungen des Ministeriums - auf lokaler Ebene gegen ArbeiterInnen eingesetzt, die ihren Betriebe unter ihrer Kontrolle wieder in Gang setzen wollen. Dagegen will sich der linke Flügel des Bolivarianismus wappnen. Eine der VertreterInnen dieser Schicht ist Arbeitsministerin Maria Cristina Iglesias. Sie erklärte bei einer nationalen Versammlung der ArbeiterInnen für die Wiederinstandsetzung von Firmen Ende Oktober, wie der Kampf der von ArbeiterInnen wieder instand gesetzten Betriebe „mit einem unserer Ziele in Verbindung gebracht wird, dass nämlich die ArbeiterInnen die Produktion selbst leiten und die Regierung ebenfalls von ArbeiterInnen geführt wird." Zur Zeit liegen die Kräfteverhältnisse so, dass sie objektiv zunehmend im Interesse der Arbeiterklasse agiert, wenn auch ohne klares Programm und klare

Perspektiven. Diese Tendenzen gilt es zu unterstützen, natürlich ohne die eigene unabhängige Position aufzugeben: Die Unsicherheiten und Halbheiten dieser Elemente müssen aufgezeigt werden, jeder brauchbare politische Ansatz, inklusive jene des Präsidenten, müssen von MarxistInnen jedoch aufgenommen und mit der Methode des Übergangsprogramms für die Bewegung fruchtbar gemacht werden. Die Verteidigung der (bürgerlich-)demokratischen Errungenschaften muss dafür verwendet werden, um für die Schaffung proletarischer Machtorgane zu agitieren. Beschleunigt sich die Dynamik Richtung Verstaatlichung der Banken und Schlüsselindustrien, dann wird sich der Widerspruch zwischen einem unwilligen Staatsapparat und den Erfordernissen der Revolution nur noch mehr vergrößern. Der Prozess läuft sich auf die Notwendigkeit eigener Machtorgane durch das revolutionäre Proletariat und das arme Kleinbürgertum hinaus. MarxistInnen wie die internationale marxistische Strömung, und die dazugehörige Corriente Marxista Revolucionaria in Venezuela sowie der Funke in Österreich geben dieser gesellschaftlichen Tendenz einen bewussten politischen Ausdruck.

Eine organisierte Sowjet- oder Fabriksrätebewegung existiert in Venezuela noch nicht. Die vereinzelten Betriebe unter ArbeiterInnenkontrolle haben im Oktober 2005 wichtige Schritte gesetzt, sich zu vernetzen. Ein neuer, proletarisch-demokratischer Staatsapparat, der den alten bürgerlich-korrupten ersetzen könnte, ist erst vereinzelt embryonal in Form von ArbeiterInnenkomitees vorhanden. Andere Erfahrungen der Massenorganisation wie die bolivarischen Zirkel im Zuge des Aprilputsches, und die UBEs im Zuge der Referendumskampagne von 2005 sind momentan wieder bedeutungslos geworden. Darin liegt die größte Gefahr für die Revolution.

Momentan ist es am wahrscheinlichsten, dass Chávez gezwungen sein wird, weiter den Weg der sozialistischen Revolution zu beschreiten. Das wird unweigerlich zu einer Spaltung des Bolivarianismus entlang von Klassenlinien führen. Die revolutionären Demokraten werden sich ins Lager der Arbeiterklasse begeben, die bürgerlich-liberalen Kräfte, die bereits jetzt gute Kontakte zur amerikanischen Botschaft pflegen, werden im Lager der

Konterrevolution landen. Es kann sein, dass im Rahmen dieser Mobilisierung das Gerüst eines revolutionären Arbeiterstaats entsteht.

Wie aber steht es mit der Gefahr eines neuen proletarischen Bonapartismus? Fehlt eine proletarisch-demokratische Machtstruktur, die den bürgerlichen Staatsapparat stürzen könnte, so besteht das Risiko, dass der linke Flügel des Bolivarianismus im Alleingang „für das Volk" mit der Oligarchie brechen wird. In einem solchen Fall würde die revolutionäre Bewegung dies als ihren Sieg betrachten. Ergebnis einer solchen Kräftekonstellation kann, angesichts des globalen Scheitern dieses Gesellschaftssystems, nur ein äußerst schwacher proletarischer Bonapartismus sein. Schon heute sehen wir im Falle mancher unter Arbeiterkontrolle verstaatlichter Unternehmen, beziehungsweise in staatlichen Betrieben, die der Cogestion, also der revolutionären Mitbestimmung unterliegen, den Konflikt zwischen „von oben" bürokratisch eingesetzten Managern und dem demokratischen Selbstverständnis der Bewegung. In einer zweiten Welle würde die Arbeiterklasse versuchen, den bürokratisch deformierten Arbeiterstaat zu demokratisieren.

Eine notwendige Schlussbemerkung

Die venezolanische Revolution ist nicht als isoliertes Phänomen zu betrachten. Ganz Lateinamerika ist von politischer, sozialer und wirtschaftlicher Zerrüttung gezeichnet. Die Überwindung des Kapitalismus in nur einem lateinamerikanischen Land wäre der Funke der einen kontinentalen revolutionären Brand auslösen wird.

„Aber wir brauchen doch die revolutionäre Partei!" sagt nun der Linksradikale. „Aber die Massen werden nicht darauf warten, dass diese aufgebaut ist" sagen darauf die MarxistInnen. Unabhängig von der Diskussion über die venezolanische Revolution, die mit jahrelanger Verspätung in die Zirkel der von der Realität des Klassenkampfes hermetisch abgeriegelten Politsekten gedrungen ist, versuchen die Massen ein ums andere Mal ihr Leben zu verbessern. Man stelle sich vor, sie warten nicht darauf, dass die selbsternannten Cheftheoretiker ihnen grünes Licht dafür geben! In Abwesenheit einer Partei vom Format der Bolschewiki in Russland 1917 und revolutionären Führern wie Lenin und Trotzki nehmen die lateinamerikanischen Massen jene Instrumente zu Hand die sie finden können, und sind gezwungen aus eigener Erfahrung zu lernen.

Die MarxistInnen der Internationalen Marxistischen Strömung haben diesen Prozess bereits vor Jahren verstanden und dementsprechend gehandelt. Wir können und wollen uns den denunziatorischen Ton der Publikationen gewisser linker Zirkel nicht leisten. In Lateinamerika, und in Venezuela im besonderen reden wir zur Massenbewegung.

Die revolutionäre Bauernbewegung Venezuelas (Frente Ezequiel Zamorra) bildet ihre Kader mit den Publikationen unserer internationalen Strömung aus. Die Nationalisierung von INVEPAL und INVEVAL wäre ohne die politische Orientierung und die praktische Solidaritäts- und Informationsarbeit durch die Corriente Marxista Revolucioanrio und der von uns mitgetragenen internationalen Kampagne „Hände weg von Venezuela" nie, oder zumindest nicht zu jenem entscheidenden und weichenstellenden Zeitpunkt passiert. Dieser Umstand wird auch von Politsektierern anerkannt, allerdings unter Hinweis darauf, dass die dann darauf erfolgte Gewerkschaftsauflösung in INVEVAL unter Zustimmung des CMR erfolgt sei. Dazu ist folgendes zu sagen: die lokale UNT in Carabobo wird von jenen GenossInnen dominiert, die heute ihre Energie in das Projekt des Aufbaues der PRS stecken – und die übrigens bei den vergangenen Parlamentswahlen vom Dezember 2005 0,3 Prozent der Stimmen in dieser Hochburg erreichte. Das potentielle Werkzeug zur Befreiung der Arbeiterklasse namens PRS zeichnet sich gerade eben durch Potentialität aus – die durch politische und methodische Fehler sich bisher nicht in materielle Gewalt wandeln konnte. Nicht nur dass dieser Sektor zum Kampf um die Verstaatlichung unter Arbeiterkontrolle nichts beigetragen hat, weil es sich dabei um einen „Propaganda-" aber keine „Aktionslosung" handle, wurde die CMR nach dem Sieg der ArbeiterInnen von den Entwicklungen in der Firma abgeschnitten. Die Fehlentwicklungen liegen daher ungeteilt im Verantwortungsbereich jener, die heute in Österreich als die politisch-proletarische Alternative präsentiert werden. Dass es auch anders geht, sieht man in INVEVAL, wo das CMR bis heute eine wachsende organisatorische und politische Verankerung im Betrieb hat, auch hier gilt: der Test ist die Praxis und diesen Vergleich haben wir genauso wenig zu scheuen wie die theoretische Auseinandersetzung. Ein anderes gutes Beispiel der organischen Unfähigkeit die Bedürfnisse der Arbeiterklasse zu verstehen und aufzunehmen ist auch der aktuelle gewerkschaftspolitische Umstand, dass die CMR ihre gesamte politische Autorität ausspielt um zu verhindern, dass ein Sektor der UNT im Alleingang mit der Organisierung eines nationalen Gewerkschaftstages vorprescht der als einzige Tagesordnungspunkte „Statuten" und „Wahlen" vorsieht, was die noch junge nationale Organisation spalten würde. Unterdessen nimmt die CMR, als einzige organisierte politische Kraft in der UNT den Slogan der Arbeitsministerin nach Betriebsbesetzungen durch die UNT auf. Erstes Resultat dieser Initiative des CMR ist der Beschluss der UNT von Mérida 18 Betriebe mit 12.750 Arbeitsplätzen zu übernehmen36.

Und obwohl wir in Venezuela inmitten der politischen Auseinandersetzung mit einigen FührerInnen der venezolanischen ArbeiterInnenbewegung stehen, hindert dies uns nicht kollegiale Beziehungen zu den Repräsentanten aller klassenkämpferischen Strömungen in der UNT und in der bolivarischen Bewegung im Allgemeinen zu halten. Über politischen und strategischen Meinungsdifferenzen hinweg fällt es uns nicht schwer die historische und aktuelle Bedeutung eines jeden und jeder klassenkämpferischen Strömung anzuerkennen. Dies äußert sich u.a. auch dadurch, dass die Kampagne „Hände weg von Venezuela" durchaus nicht nur VertreterInnen einer spezifischen politischen Strömung nach Europa und die USA einlädt um die Anerkennung der UNT in der ArbeiterInnenbewegung der imperialistischen Länder voranzutreiben.

Und wir nehmen auch dies gerne auf uns: ja wir haben Hugo Chávez die Bücher „Aufstand der Vernunft", „Verratene Revolution" und „Die Permanente Revolution" geschenkt und wir freuen uns, dass er diese Werke studiert hat. Wir haben ein Übergangsprogramm für den Jugendbereich geschrieben und dies ist ein Attraktionspol für Dutzende Jugendgruppen und -zirkel im ganzen Land geworden. Wir geben auch marxistische Vorträge in Ministerien, Fabriken und Massenorganisationen, und scheuen uns auch nicht davor, neben unseren eigenen Publikationen sowohl kommunale als auch nationale Radio- und Fernsehsender zu nützen um regelmäßig Programm zu machen. Und Alan Woods hat die eiserne Blockade der reformistischen Berater rund um den venezolanischen Präsidenten gesprengt und mit Chávez konferiert. Wir können auch nichts Schlechtes dabei erkennen, dass neben Gesandten von Tony Blair, ATTAC und Vertretern der im Hemd der Frankfurter Schule auftretenden Etappentheoretikern auch ein Marxist der für die sozialistische Revolution in Venezuela und international steht, sich mit dem Führer der bolivarischen Revolution unterhält und austauscht.

In Europa wenden wir uns an die ArbeiterInnenbewegung. Wir sehen unsere Aufgabe klar darin, die bolivarische Revolution nicht zuletzt in den imperialistischen Nationen, gegen die Lügen und konterrevolutionären Aktionen der imperialistischen Regierungen zu verteidigen. Und: Nach Jahren der Niederlagen, der ideologischen Selbstzufriedenheit der Bourgeoisie ist die bolivarische Revolution der erste sichtbare Scheitelpunkt, dass sich die Zeiten gewandelt haben. Nationalisierung unter Arbeiterkontrolle etwa ist angesichts der Massenarbeitslosigkeit ein Slogan der auch in Europa von Bedeutung ist, und durch die venezolanische Revolution ihren Praxistest besteht. Und während Sektierer angesichts der Sozialismusdiskussion in Venezuela nur säuerlich ihren Mund verziehen, sehen wir in dieser Debatte die Chance diesen Gedanken wieder in der Arbeiterbewegung Europa und den USA zu verankern. Nach Jahrzehnten des Rechtsruckes der traditionellen Arbeiterorganisationen in den imperialistischen und exkolonialen Ländern ist es für Tausende BetriebsrätInnen und GewerkschaftsaktivistInnen durchaus keine sekundäre Frage ob sich, beginnend in Venezuela die Debatte und Zielorientierung einer Gesellschaft „Sparzwang" und Standort, oder eben Sozialismus lautet.

Der Aufbau einer revolutionären Partei und der ehrliche Einsatz in der bolivarischen Revolution ist kein Widerspruch, sondern die einzige richtige und ehrliche Methode für Revolutionäre. Wir möchten an dieser Stelle an die Haltung der Bolschewiki in der russischen Revolution erinnern. Der Slogan Lenins im Jahr 1917 war nicht: „Nieder mit der Provisorischen Regierung", sondern: „Nieder mit den 10 bürgerlichen Ministern", „Alle Macht den Sowjets" und „Land Brot und Friede". Dies übrigens auch zu einem Zeitpunkt, als die ReformistInnen nicht nur die provisorische bürgerliche Regierung, sondern auch die feste Mehrheit in den Sowjets hatten. Redet man mit der revolutionären Bewegung, dann ist es zuwenig mit Negativslogans an die Bewegung heranzutreten, und man stößt auf völliges Unverständnis, wenn man diese zusätzlich noch in schrillen Tonfall des Denunzianten von sich gibt.

Im Gegensatz zu all unseren KritikerInnen haben wir einen entscheidenden Pluspunkt aufzuweisen: Die internationale marxistische Strömung steht inmitten der venezolanischen Klassenauseindersetzung. Dies ist kein Zufall, sondern das Resultat unserer Analysefähigkeit und unserer Anwendung marxistischer Methoden. Lateinamerika steht vor der Alternative einer kontinentalen Barbarei oder der kontinentalen Revolution und wir haben entschieden unsere analytischen, theoretischen und praktischen Mittel im Kampf um den Sozialismus beizusteuern.

Fußnoten:

1 Marx, Der Achtzehnte Brumaire des Louis Bonaparte,
www.marxists.org/deutsch/archiv/ marx-engels/1852/brumaire/kapitel4.htm
2 Marx, a.a.O. [Hervorhebungen im Original]
3 Marx, Brumaire, www.marxists.org/deutsch/archiv/ marx-engels/1852/brumaire/kapitel7.htm
4 Marx, a.a.O.

5 Wladimir I. Lenin, Staat und Revolution, 1917, http://www.ml-werke.de/lenin/le25_393.htm

6 Leo Trotzki, Geschichte der Russischen Revolution, 2. Teil, 1. Halbband, Frankfurt/Main: Fischer Taschenbuch 1982, S.532

7 Leo Trotzki, Der einzige Weg, 1. Kapitel, http://www.marxists.org/deutsch/archiv/trotzki/1932/09/01-bonfasch.htm.

8 zitiert in: Trotzki, Geschichte..., a.a.O., S.501f

9 Trotzki, Geschichte..., a.a.O., S.502

10 Wladimir I. Lenin, The beginning of Bonapartism, http://www.marxists.org/archive/lenin/works/1917/jul/29.htm

11 Lenin, a.a.O.

12 Trotzki, Geschichte..., a.a.O., S.518

13 Trotzki, Geschichte..., a.a.O., S.535

14 Trotzki, Der einzige Weg, a.a.O.

15 Leo Trotzki, German Bonapartism, (geschrieben am 30. Oktober 1932), http://www.marxists.org/archive/trotsky/works/1930-ger/321030.htm

16 Trotzki, Der einzige Weg, 1. Kapitel, http://www.marxists.org/deutsch/archiv/trotzki/1932/09/01-bonfasch.htm.

17 Trotzki, Der einzige Weg, 2. Kapitel, http://www.marxists.org/deutsch/archiv/trotzki/1932/09/02-bourg.htm.

18 Trotzki, Der einzige Weg, 1. Kapitel., a.a.O.

19 Leo Trotzki, Portrait des Nationalsozialismus, www.mlwerke.de/tr/1933/330610a.htm.

20 Trotzki, Der einzige Weg, 1. Kapitel

21 Trotzki, Arbeiterstaat, Thermidor und Bonapartismus, 1. Kapitel. http://www.marxists.org/deutsch/archiv/trotzki/1935/02/arbstaat.htm.

22 Trotzki, Arbeiterstaat, Thermidor und Bonapartismus, a.a.O.

23 Trotzki, Arbeiterstaat, Thermidor und Bonapartismus, a.a.O. [Hervorhebungen im Original]

24 Trotzki, Arbeiterstaat, Thermidor und Bonapartismus, a.a.O.

25 Trotzki, Arbeiterstaat, Thermidor und Bonapartismus, a.a.O., [Hervorhebungen im Original]

26 Ted Grant, The unbroken thread, The Development of Trotskyism over

40 years. London: Fortress 1989, S.350.

27 Ted Grant, Ein paar Bemerkungen zur Frage des Stalinismus. Antwort auf David James http://www.derfunke.at/theorie/TG_Stalinismus1949.htm

28 Trotzki, Nationalized Industry and Workers' Management, 1938, http://www.marxists.org/archive/trotsky/works/1938/1938-nation.htm. „Sui generis" bedeutet soviel wie „einzigartig in seinen Charakteristika".

29 Karl Marx, Thesen über Feuerbach, MEW 3, Seite 6

30 Bericht zur „Labournet-Veranstaltung zu Venezuela", Labournet Austria

31 Trotzki, Nationalised Industry..., a.a.O.

32 a.a.O.

33 Trotzki, Mexico and British Imperialism, 1938, http://www.marxists.org/archive/trotsky/works/1938/1938-mexico02.htm [Hervorhebung im Original]

34 Trotzki, a.a.O.

35 Trotzki, The Mexican Oil Expropriations, A Challenge to the British Labour Party, 1938, http://www.marxists.org/archive/trotsky/works/1938/1938-mexico.htm

36 http://www.aporrea.org/dameverbo.php?docid=68622

Venezuela:
Der Kampf um Arbeiterkontrolle im Betrieb

Eine der zentralen Diskussionen in der venezolanischen Revolution ist heute jene über die Erfahrungen mit der cogestión, der Arbeitermitbestimmung. Abgesehen von der Widersprüchlichkeit dieses Modells in Theorie und Praxis sind die Bewegung der besetzten Betriebe und der Kampf um die cogestión als revolutionäres Instrument wichtiger Ausdruck dafür, dass die Arbeiterklasse in Venezuela immer mehr zu einer treibenden Kraft in der bolivarischen Revolution wird. In der venezolanischen Arbeiterbewegung setzt sich dabei zusehends die Idee durch, dass der Kampf für die cogestión nur Sinn macht als Kampf für Arbeiterkontrolle und Arbeiterselbstverwaltung. Dies ist ein wichtiger Schritt auf dem Weg zur sozialistischen Umwälzung der Gesellschaft.

Vor dem Hintergrund dieser so wichtigen Entwicklung wollen wir die Frage der Arbeiterkontrolle und Arbeiterselbstverwaltung im Lichte der Erfahrungen der Geschichte der revolutionären Bewegung und der theoretischen Diskussionen in der marxistischen Linken behandeln.

Was verstehen wir unter „Arbeiterkontrolle"?

Wie der Name schon impliziert, geht es darum, dass die ArbeiterInnen durch die von ihnen gewählten VertreterInnen im Betrieb das Recht haben, die Geschäftsbücher und alle ihnen als wichtig erscheinenden Unterlagen zu inspizieren, die Ein- und Ausgänge im Unternehmen sowie die Aktionen des Managements zu kontrollieren. Mit anderen Worten: Die ArbeiterInnen haben denselben Informationsstand über das Funktionieren des kapitalistischen Unternehmens, in dem sie arbeiten, wie die ManagerInnen des Betriebs.

> „In der allgemeinen Sprache versteht man unter Kontrolle die Beobachtung und Überprüfung der Arbeit der einen Institution durch eine andere. Die Kontrolle kann sehr aktiv, selbstständig und umfassend sein. Sie bleibt aber Kontrolle. Die eigentliche Idee

dieser Losung ist aus dem Übergangsregime in den Betrieben ent
standen, wo Kapitalist und Geschäftsleitung keinen Schritt mehr
ohne Zustimmung der Arbeiter tun können, andererseits aber die
Arbeiter noch nicht die politischen Voraussetzungen für die
Verstaatlichung geschaffen, die technische Leitung noch nicht
erobert, die dazu erforderlichen Organe noch nicht gebildet haben.
Vergessen wir nicht, dass es nicht nur um die Werksleitung geht,
sondern auch um den Produktionsabsatz, die Versorgung der
Betriebe mit Rohstoff, Materialien, Neuausrüstungen, Krediten
usw."1

Im Übergangsprogramm erklärte Trotzki, dass der erste Schritt zur tatsächlichen Kontrolle über eine Industrie in der Abschaffung des
Geschäftsgeheimnisses liegt. Die KapitalistInnen begründen Angriffe auf die
Arbeiterklasse in der Regel mit ökonomischen Sachzwängen.
Lohnzurückhaltung, Entlassungen, Flexibilisierung der Arbeitszeiten usw.
seien unabdingbar aufgrund der nicht näher ausgeführten „Sachzwänge".
Durch das Geschäftsgeheimnis ist es den KapitalistInnen möglich, den
wahren Zustand des Unternehmens bzw. der Branche zu verschleiern. Erst
durch den Einblick in die Geschäftsbücher können die ArbeiterInnen den
Schleier lüften. Nur so sind sie imstande, die tatsächliche wirtschaftliche
Lage und das Funktionieren des kapitalistischen Systems zu erfassen. Dies
wiederum ist der erste Schritt zur Umwälzung der herrschenden Verhältnisse.

Die unmittelbarste Aufgabe der Arbeiterkontrolle ist, ausgehend von den
einzelnen Unternehmen, den Anteil der individuellen KapitalistInnen und der
herrschenden Klasse als Ganzes am gesellschaftlichen Reichtum zu bestimmen. Außerdem sollen Korruption, Betrügereien, Geheimverträge und die
Verschwendung menschlicher Arbeitskraft, die im kapitalistischen System
üblich sind, offen gelegt werden.

Der russische Kommunist und Gewerkschaftstheoretiker Losowsky sah in
der allumfassenden Kontrolle der verschiedenen Tätigkeiten des
Unternehmens durch die ArbeiterInnen natürlich einen schweren Eingriff in

die privatrechtlichen Beziehungen, und somit in die Funktionsweise der kapitalistischen Ordnung. Dabei muss klar sein, dass bei der Arbeiterkontrolle die ArbeiterInnen nicht nur das Recht auf Einsicht in die Geschäftsbücher usw. haben, sondern dass sie auch Beschlüsse fassen können, die für die UnternehmerInnen bindend sind. Diese Verletzung des „Allerheiligsten, des Privateigentums selbst" sei jedoch eine notwendige Antwort auf das Ausmaß der kapitalistischen Krise, die im Interesse der Selbsterhaltung der Arbeiterklasse verwirklicht werden muss.

Arbeiterkontrolle gegen Wirtschaftssabotage

Als 2002/03 die Oligarchie mit einer landesweiten Aussperrung und einer Sabotage in den zentralen Bereichen der venezolanischen Wirtschaft einen zweiten Anlauf zum Sturz von Hugo Chávez unternahm, traf sie auf den entschiedenen Widerstand der Arbeiterklasse. Im staatlichen Erdölkonzern PDVSA übernahmen an einzelnen Standorten die ArbeiterInnen die Kontrolle über die Unternehmensanlagen, führten die Produktion weiter bzw. versorgten die ArbeiterInnenviertel mit Benzin. Die Sabotageaktionen der ManagerInnen, mit denen die ganze Wirtschaft lahm gelegt hätte werden sollen, verfehlten dadurch ihr Ziel. Beim staatlichen Energieunternehmen CADAFE, das 60% von Venezuelas Stromversorgung abdeckt, gelang es den Beschäftigten mittels Notfallplänen, die Sabotageversuche reaktionärer ManagerInnen zu unterbinden. Die ErdölarbeiterInnen erkannten sehr rasch, dass sie imstande sind das ganze Unternehmen zu führen.

Nach Ende der Aussperrungen wurden VertreterInnen der Beschäftigten zwar nach dem Vorbild der europäischen Mitbestimmungsmodelle in die Führung des Unternehmens eingebunden, die Elemente der Arbeiterkontrolle, die sich im Zuge des Abwehrkampfes gegen die Sabotage aber gebildet hatten, verschwanden wieder. In der Folge gab es aber auch in diesem Schlüsselbetrieb eine Reihe von Diskussionen zur Frage der cogestión. Ausfluss dieses Diskussionsprozesses war ein von Pedro Montilla von der La-Jornada-Bewegung der ErdölarbeiterInnen verfasster Vorschlag für ein Modell der Beteiligung der Beschäftigten an der Verwaltung der PDVSA.

Die von den ErdölarbeiterInnen ausgearbeiteten Forderungen lauteten:

Die cogestión umfasst alle Aspekte der Förderung, Verteilung, Produktion und Lagerung, einschließlich der Kontrolle der Einkaufs- und Verkaufspreise.

Offenlegung aller Geschäftsbücher für alle von den ArbeiterInnen gewählten VertreterInnen.

Die cogestión wird von allen ArbeiterInnen durch die von ihnen gewählten VertreterInnen in jeder Anlage und Fabrik ausgeübt. Die gewählten Delegierten sind weiterhin im Arbeitsprozess aktiv, bekommen aber die nötige Zeit und Freistellung von der Arbeit für diese Verwaltungstätigkeiten.

Alle Delegierten sind der Belegschaftsversammlung rechenschaft spflichtig; Ordnung und Disziplin sowie der Schutz der Anlagen müssen strikt aufrechterhalten werden.

Der Belegschaftsversammlung sind in regelmäßigen Abständen Berichte vorzulegen.

Alle Delegierten sind jederzeit auch wieder abwählbar.2

Auf Grundlage dieser Vorschläge entwickelten die ErdölarbeiterInnen außerdem die folgende Argumentationslinie:

Die Sabotage bei der PDVSA kann nur durch Arbeiterkontrolle verhindert werden. Ohne die Umsetzung der oben genannten Maßnahmen sind Disziplin, Transparenz und Rechenschaftspflicht nicht zu gewährleisten.

Präsident Chávez hat mit einem Verkaufsstopp an die USA gedroht. Diese Drohung kann nicht ohne Arbeiterkontrolle in der Erdölwirtschaft umgesetzt werden, weil das Management einen solchen Versuch sabotieren würde.

Dieses Konzept wurde jedoch nie umgesetzt. Die Ideen der Arbeiterkontrolle und der Arbeiterselbstverwaltung sind eben ein Produkt des realen Klassenkampfes und nicht die Verwirklichung eines abstrakten Prinzips. Trotzdem sehen wir auch in der Erdölwirtschaft, die das Rückgrat der venezolanischen Ökonomie darstellt, dass die Bewegung für die Einführung der cogestión weitergeht.

Eine ähnliche Entwicklung gab es auch bei CADAFE. Wie bei der PDVSA wurde aber auch in diesem wichtigen Unternehmen die cogestión auf ein einfaches Mitbestimmungsmodell reduziert. Im Koordinationskomitee wurden zwei der fünf Stellen für Gewerkschaftsvertreter reserviert. Diese werden aber nicht gewählt und sind auch nicht abwählbar. Der Direktor des Unternehmens ist auch nicht an die Weisungen und Direktiven dieses Gremiums gebunden. Hier finden wir also ein wichtiges Beispiel, wie das Management in einem staatlichen Betrieb gegen die Forderungen der ArbeiterInnen Widerstand leistet. Sowohl ManagerInnen als auch die staatliche Bürokratie versuchen, die cogestión auf zweitrangige Fragen zu beschränken. So gewährte man in Valencia den ArbeiterInnen gerade einmal die Möglichkeit, bei der Weihnachtsdekoration im Unternehmen mitzubestimmen. Die bewusstesten Teile der Belegschaft bei CADAFE geben sich aber mit den bescheidenen Errungenschaften nicht zufrieden und haben den Kampf für echte Arbeiterkontrolle begonnen.

In beiden Unternehmen werden die ArbeiterInnen nun aber mit einem neuen Argument konfrontiert. Demzufolge soll es in strategischen Industriezweigen keine Arbeiterkontrolle geben. Die venezolanische Arbeiterklasse kann sich damit aber nicht abspeisen lassen. Waren es doch gerade die ArbeiterInnen in strategisch so wichtigen Bereichen wie der PDVSA, der CADAFE oder der Aluminium- und Stahlindustrie in Guayana, die einen entscheidenden Beitrag zum Sieg über die Opposition leisteten, indem sie die Produktion und Versorgung gegen den Widerstand des Managements aufrechterhielten. Die bolivarische Revolution wäre längst niedergeschlagen worden, wenn die Beschäftigten in diesen strategischen Industrien nicht aktiv geworden wären. In jenen Tagen hat sich gezeigt, dass die Arbeiterklasse imstande ist, die

Wirtschaft im Interesse der gesamten Gesellschaft zu führen. Diese Erfahrung ist von enormer Bedeutung für den weiteren Weg der Revolution.

Welche Mitbestimmung?

In vielen Schlüsselbetrieben wird die cogestión so ausgelegt, dass sie mehr oder weniger dem in Europa bekannten Mitbestimmungsmodell entspricht. Dieses unterscheidet sich grundsätzlich von der revolutionären Übergangsforderung nach Arbeiterkontrolle, wie sie MarxistInnen propagieren.

Die Mitbestimmung in einem kapitalistischen Unternehmen kann nur zu einem lang anhaltenden, stabilen „Normalzustand" werden, wenn sie mit einer Politik der Klassenkollaboration einhergeht. Dieses Modell zeichnet sich durch eine enge Zusammenarbeit zwischen dem Management und den bürokratischen Spitzen der Gewerkschaftsbewegung aus. Die ersten Modelle diesbezüglich gab es bereits in den 1920er Jahren, nachdem etwa die Arbeiterrätebewegung in Deutschland wieder zerschlagen worden war und am Ende lediglich „Betriebsräte" und Ideen von „Wirtschaftsdemokratie" im Kapitalismus übrig blieben. Im Zuge des langen Wirtschaftsaufschwungs nach dem Zweiten Weltkrieg erhielt diese Form der klassenübergreifenden Zusammenarbeit eine tragfähige materielle Basis. Sie zeichnete sich jedoch immer durch eine Unterordnung der Gewerkschaftsapparate unter die Interessen des Kapitals aus. Der Klassenkampf wurde weitestgehend in „sichere" Kanäle gelenkt, um das ungestörte Funktionieren der kapitalistischen Wirtschaft zu ermöglichen.

In den 1970er Jahren setzte sich dieses Konzept der Arbeitermitbestimmung in den meisten Ländern Europas durch. Dies war eine Folge der wachsenden Kampfbereitschaft der Arbeiterbewegung, die in den Ereignissen des Mai 1968 in Frankreich, in den Bergarbeiterstreiks in Großbritannien in den Jahren 1972 und 1974, den Generalstreiks in Italien und Dänemark und den Streikwellen in Westdeutschland ihren Ausdruck fanden.

Die Bürgerlichen reagierten – aus einer Position der Schwäche heraus – auf diese Bewegungen von unten mit einer verstärkten Einbindung der Führungsspitzen der Gewerkschaften. Die Mitbestimmung wurde als Mittel zur Aufrechterhaltung des „sozialen Friedens" gesehen, mit der die wirtschaftliche Effizienz und in der Folge die Profitraten wieder gesteigert werden sollten. Mitbestimmung in diesem Sinne ist nichts anderes als eine Ausdrucksform der Sozialpartnerschaft auf der Ebene des Betriebes oder einer Branche.

Abgesehen davon, dass über die Mitbestimmung das Management vermehrt Informationen, Verbesserungs- und Effizienzsteigerungsvorschläge erhielt, schuf dieses Modell die Illusion, dass die ArbeiterInnen an den Entscheidungsfindungsprozessen teilhaben könnten. Dies sollte sich hemmend auf deren Kampfkraft auswirken und hatte zusehends den Effekt, dass die gewerkschaftliche Organisierung unterminiert und die Stellvertreterpolitik in den Gewerkschaften bestärkt wurde. BetriebsrätInnen und GewerkschaftsfunktionärInnen, die im Rahmen solcher Mitbestimmungsmodelle in den Aufsichtsräten usw. saßen, bildeten eine eigene privilegierte Schicht in der Arbeiterbewegung, die in der Regel mit dem Management an einem Strang zog. Das heute vorherrschende „Standortdenken" ist ein Ausdruck dieser Entwicklung.

Wohin das geführt hat, zeigen die unzähligen Beispiele an Korruptionsskandalen in den Reihen der Gewerkschaftsbewegung. Indem man Spitzengewerkschafter und Zentral- oder Gesamtbetriebsräte an den Futtertrögen teilhaben lässt und ihnen handfeste materielle Privilegien zugesteht, will man sie zu loyalen „Sozialpartnern" machen, die als gewählte Belegschaftsvertretung im Betrieb für sozialen Frieden sorgen sollen.

Diese Mitbestimmungsmodelle endeten darin, dass Gewerkschaftsapparate mit dem Management gemeinsame Sache machen. Die Interessen der Lohnabhängigen werden in diesem System letztlich zur Sicherstellung des „Standorts", d.h. des Profits des Unternehmers, ausverkauft.

Im Gegensatz zu diesem sozialpartnerschaftlichen Modell ist die

Durchsetzung einer echten Arbeiterkontrolle durch Fabrikkomitees oder Arbeiterräte nur auf der Grundlage scharfer Klassenkämpfe denkbar. Unter „normalen" Umständen werden die UnternehmerInnen Formen der Arbeiterkontrolle auf keinen Fall hinnehmen, weil dies dem Ende ihrer uneingeschränkten Herrschaft im Betrieb gleichkommt. Arbeiterkontrolle bedeutet, dass in einem Betrieb eine Doppelmachtstruktur existiert. Die Fähigkeit der ArbeiterInnen, die Kontrolle über den Produktionsprozess und die damit verbundenen Fragen auszuüben, ist abhängig von der Gegenmacht, die sie gegenüber dem kapitalistischen Herrschaftsverhältnis entwickeln können. Arbeiterkontrolle muss erkämpft werden, sie muss den KapitalistInnen abgerungen und aufgezwungen werden. Sie ist daher nur in einer revolutionären Krise denkbar, in der dieses allmächtig erscheinende Herrschaftsverhältnis erschüttert wird und Risse bekommt. Arbeiterkontrolle ist der Ausdruck einer Offensive der Arbeiterklasse, wobei sich die Oligarchie gleichzeitig auf dem Rückzug befindet.

Sackgasse Genossenschaften

Die Mitbestimmung ist ein in der venezolanischen Verfassung verbrieftes Recht: „Der Grundsatz der gemeinschaftlichen Verantwortung bezieht sich auf den wirtschaftlichen, sozialen, politischen, kulturellen, geographischen und militärischen Bereich sowie auf den Bereich des Umweltschutzes."

In Venezuela geht die cogestión meist Hand in Hand mit der Bildung von Genossenschaften. Die bolivarische Regierung sieht in einer genossenschaftlichen Gründeroffensive ein wichtiges Element ihrer Wirtschaftspolitik. Im Fall der besetzten Betriebe setzt man in der Regel auf Mischformen zwischen staatlichem und genossenschaftlichem Eigentum.

Die Bewegung der besetzten Betriebe war eine direkte Antwort von Teilen der venezolanischen Arbeiterklasse auf die Wirtschaftssabotage in den Jahren 2002/3. Nach der Niederlage der Unternehmeraussperrungen schlossen KapitalistInnen, die der Opposition sehr nahe stehen, unzählige Betriebe und Fabriken. Diese Betriebsschließungen waren in der Regel politisch motiviert.

Dadurch gingen 250.000 bis 500.000 Arbeitsplätze verloren. Aus reiner Selbstwehr zur Verteidigung der eigenen Jobs und Einkommen, entschied sich eine Reihe von Belegschaften, ihren Betrieb zu besetzen. Zum damaligen Zeitpunkt bildeten die ArbeiterInnen bei der Papierfabrik VENEPAL die Speerspitze dieser Bewegung.

VENEPAL, nunmehr „INVEPAL" (diesen Namen erhielt das Unternehmen VENEPAL im Zuge der Verstaatlichung), ist einer der größten Papier und Pappe produzierenden Betriebe des Landes mit Sitz in Morón, einer Stadt in der Industrieregion Carabobo. Einst waren dort 1.600 ArbeiterInnen beschäftigt, der Konzern kontrollierte 40% des heimischen Marktes und war einer der größten Produzenten in diesem Sektor in ganz Lateinamerika. Doch das Missmanagement der Konzernführung trieb den Konzern in den Ruin. Die BesitzerInnen von VENEPAL waren alles andere als Freunde der Revolution: Während des Militärputsches im April 2002 war einer der Hauptaktionäre bei der feierlichen Vereidigung des neuen Putsch-"Präsidenten" Pedro Carmona anwesend, und während der Fabriksaussperrungen im Dezember 2002/Januar 2003 konnten Sabotageversuche von Seiten der ManagerInnen nur durch den organisierten Widerstand der Belegschaft vereitelt werden. Schließlich erklärte am 4. Juli 2003 die Konzernführung den Konkurs und entließ die verbleibenden 600 ArbeiterInnen, denen sie ohnehin bereits beträchtliche Summen an Lohnrückständen schuldete. Das brachte das Fass zum überlaufen. Die ArbeiterInnen beschlossen die Fabrik zu besetzen und sie unter ihrer eigenen Kontrolle und Verwaltung weiterzuführen. Dabei stellten sie ihre Fähigkeiten unter Beweis, indem sie nicht nur die Produktion aufrechthielten, sondern obendrein auch noch die Produktivität steigern und die Menge nutzloser Ausschussware auf ein nie da gewesenes Minimum drücken konnten. Nach 77 Tagen Kampf wurde der Konflikt durch eine Vereinbarung beigelegt, welche die „Wiedereröffnung" der Fabrik unter ihrem vormaligen Besitzer, den Erhalt von 400 bis 600 Stellen und die Auszahlung sämtlicher Lohnrückstände vorsah. Das Kräfteverhältnis im Betrieb war nach diesem Teilsieg jedoch so günstig, dass die Belegschaft über diese Vereinbarung hinaus – gestützt auf ihre Gewerkschaft Unión Nacional de Trabajadores (UNT) – eine Form der Arbeiterkontrolle in ihrem Betrieb umsetzte, bei der sämtliche Entscheidungen betreffend der Produktion, Lagerbestände, Einstellungen etc. von den ArbeiterInnen überwacht wurden. Eine solche Form der „Einmischung" in die Abläufe der Produktion kann aber ihrer Natur nach nicht allzu lange fortwähren, sondern muss entweder in eine direkte Verwaltung des Betriebes durch die ArbeiterInnen hinüberwachsen, oder sie wird auf kurz oder lang von den ManagerInnen wieder unterbunden werden. Im September 2004 stellte der Konzern die Produktion abermals ein und versuchte, die kämpferische Belegschaft ein für alle Mal loszuwerden, indem die Konzernleitung versuchte, das Sachvermögen an den Papier-Multi Smurfit zu übergeben, die Produktion nach Kolumbien zu verlagern und den Standort zu schließen. Die ArbeiterInnen reagierten mit der Besetzung des Betriebes und forderten seine Verstaatlichung unter Arbeiterkontrolle als die offensichtlich einzig gangbare Lösung. Zu dieser Zeit war der Arbeitskampf bereits in der Bevölkerung verankert und konnte auf deren aktive Solidarität zählen. Die Resonanz, welche die Forderung der Belegschaft nach Verstaatlichung unter Arbeiterkontrolle in der Bewegung fand, war ernorm. So gipfelte der anwachsende politische Druck in der Unterzeichnung des Dekrets 3438 durch Präsident Chávez am 19. Januar 2005, welches die Verstaatlichung VENEPALs vorsah.

Der monatelange Kampf, der diesem Erfolg für die ArbeiterInnen vorausgegangen war, wurde von den GenossInnen der Corriente Marxista Revolucionaria (CMR) politisch unterstützt. Schlussendlich gelang es, durch eine intensive Kampagne den nötigen Druck zu erzeugen. Die Belegschaft forderte anfangs die Verstaatlichung unter Arbeiterkontrolle und zeigte sich bereit, das Unternehmen zur Gänze im öffentlichen Interesse weiterzuführen. Zum Unternehmen gehörige Infrastruktur (Sportstätten, Hotel, Freizeitanlagen, Ländereien) sollte der Gemeinde zur Verfügung gestellt werden, die Papierproduktion sollte Materialien für die misiones im Bildungsbereich (Alphabetisierungsprogramme) liefern.

Schlussendlich wurde die nun in INVEPAL umbenannte Papierfabrik in eine gemischte Eigentumsform übergeführt. 49% gehören dabei der von den ArbeiterInnen gegründeten Genossenschaft, 51% dem Staat. Die ArbeiterInnen wählten die Direktoren des Unternehmens, und das Ministerium entsandte zwei VertreterInnen, die bei der Führung der Geschäfte unterstützend wirken sollten.

Die ArbeiterInnen lieferten durch die erfolgreiche Übernahme des Betriebs den Beweis dafür, dass die Arbeiterklasse sehr wohl ohne UnternehmerInnen die Produktion organisieren kann. So gelang es etwa, eine aus Deutschland stammende Maschine, die schon seit geraumer Zeit kaputt gegangen war, eigenständig wieder in Gang zu setzen. Die ehemaligen EigentümerInnen hatten sie nicht mehr reparieren wollen, weil dies angeblich nicht mehr rentabel gewesen wäre. Es konnten nicht nur Reparaturkosten gespart, sondern auch die Produktionskapazität zur Gänze wieder hergestellt werden.

INVEPAL ist jedoch auch ein gutes Beispiel für die Gefahren, die mit dem Konzept der Produktionsgenossenschaften einhergehen. Nachdem die regionale UNT-Führung mit bürokratischen Mitteln gegen die marxistische Strömung im Betrieb vorgegangen war, füllte eine Gruppe von ArbeiterInnen das dadurch entstandene politische Vakuum, die einen völlig anderen Weg beschreiten wollten. Sie setzten in der Belegschaftsversammlung den Beschluss durch, dass die Gewerkschaft im Betrieb aufgelöst wird und die Genossenschaft die staatlichen Anteile erwerben soll. Über kurz oder lang hätte dieses Konzept dazu geführt, dass die ArbeiterInnen nur noch nach dem Prinzip der Selbstbereicherung das Unternehmen geführt hätten.

Die Entwicklungen bei INVEPAL zeigen, dass die cogestión und vor allem die Genossenschaftsidee voller Widersprüche ist. Ángel Navas, der Gewerkschaftsvorsitzende bei CADAFE, beschrieb auf das Problem folgendermaßen:

„Wie wir gestern bei der Präsentation von INVEPAL gesehen haben, haben sie dort einige Probleme; sie denken dort anscheinend wie Manager. Wie wir gestern gehört haben, wollen die Beschäftigten die gesamten Unternehmensanteile besitzen. 800 Arbeiter wären dann die Eigentümer des Betriebes. Und falls dieser Betrieb profitabel arbeitet, werden diese Arbeiter dann alle reich? Das ist ein Unternehmen, das dem ganzen Land gehören sollte; das Unternehmen, von dem ich bin, kann nicht nur der Belegschaft gehören. Wenn wir Profite machen, dann gehören sie der ganzen Bevölkerung. Das ist eine Verantwortung, die wir alle haben."3

Wenn ein staatlicher Betrieb Gewinne macht, dann müssen diese von staatlicher Seite verteilt und im Interesse der gesamten Gesellschaft rein-vestiert werden – mit dem Ziel, die Wirtschaft zu entwickeln und die soziale Ungleichheit zu bekämpfen. Das verstehen wir unter Vergesellschaftung der Wirtschaft. Falls sich das Konzept der Genossenschaft bei INVEPAL durch-setzt, dann bliebe es in Venezuela bei einer privaten Aneignung des geschaf-fenen Reichtums, mit dem einzigen Unterschied, dass diese nicht von einem einzelnen privaten KapitalistInnen, sondern von einer Genossenschaft voll-zogen werden würde. Die Pläne des neuen INVEPAL-Direktoriums haben zur Folge, dass die Belegschaft in diesem Unternehmen sich in Konkurrenz gegen andere Gruppen von ArbeiterInnen stellt und die Ungleichheit in der Arbeiterschaft weiter zunimmt. Es wäre wohl nur eine Frage der Zeit, bis auch bei INVEPAL selbst der Kampf um die Kontrolle über die einzelnen Anteile ausbricht und dabei KollegInnen zu KonkurrentInnen werden.

Würde sich bei der PDVSA dieses Konzept durchsetzen, dann hätte dies ver-heerende Folgen für die gesamte Arbeiterbewegung. Dann würde ein relativ kleiner Teil der Arbeiterklasse über seine Genossenschaft die Erdölwirtschaft kontrollieren und somit den Schlüssel der venezolanischen Wirtschaft in seinen Händen halten. Die Belegschaft würde rasch eine privilegierte Position einnehmen, was sich auch in ihrem Bewusstsein niederschlagen würde. Der Rest des Landes würde sich bald schon in der Geiselhaft des PDVSA-Managements befinden. Die Genossenschaftsidee bietet somit alles andere als eine Perspektive für den Aufbau sozialistischer Produktionsverhältnisse.

Vorbild INVEVAL

Das Beispiel INVEPAL darf uns aber nicht zu falschen Schlüssen in Bezug auf die Bewegung der besetzten Betriebe bringen. Diese Betriebsbesetzungen sind der direkte Ausdruck der bewusstesten Teile der venezolanischen Arbeiterklasse in ihrem Kampf für ihre unmittelbaren sozialen Interessen. Die Bewegung für cogestión trägt ein enormes Potential in sich. Sie weist den Weg, auf dem die Revolution nicht nur abgesichert, sondern auch vorangetrieben und vollendet werden kann. Wir haben es rund um die cogestión mit dem Kampf lebendiger Kräfte zu tun. Die GenossInnen der CMR waren die ersten in der Linken, die das verstanden haben und die Bewegung der besetzten Betriebe aktiv unterstützt haben.

Auch bei der Ventilfabrik CNV, die nach der Enteignung durch den Staat im Mai 2005 in INVEVAL umbenannt wurde, wird ein exemplarischer Kampf für Arbeiterkontrolle geführt. In diesem Fall ging der Enteignung eine monatelange politische Kampagne voraus, die von der CMR tatkräftig unterstützt wurde. Das von Chávez unterzeichnete Enteignungsdekret sah eine Mehrheit der Belegschaftsvertreter im Unternehmensvorstand vor und definierte die „Allgemeine Belegschaftsversammlung" im Unternehmen als das höchste Entscheidungsgremium. Als jedoch die Vertreter des Ministeriums für öffentliche Wirtschaft der Belegschaft ihren Vorschlag für das zukünftige Statut des Unternehmens unterbreiteten, war von einer Mitbestimmung der ArbeiterInnen plötzlich kein Wort mehr zu lesen. Daraufhin lehnte die Belegschaftsversammlung diesen Entwurf ab und startete einen Kampf rund um die Forderung nach echter Arbeiterkontrolle im Betrieb. Bei INVEVAL sind die ArbeiterInnen ebenfalls in einer Genossenschaft organisiert. Den Vorschlag der CMR, eine eigene Gewerkschaft zu gründen, lehnte die Belegschaft mit dem Argument ab, dass sie von der Gewerkschaft bisher keine Unterstützung bekommen hätte. Allerdings machten die FührerInnen des Aktionskomitees von INVEVAL den Vorschlag, eine Betriebszelle der CMR aufzubauen.

INVEVAL hat gute Aussichten, als Zulieferbetrieb der Erdölindustrie ein gewinnträchtiges Unternehmen zu werden. Trotzdem ist die Belegschaft bei INVEVAL zu der Einsicht gekommen, dass sie ihre ursprünglichen Ziele nur erreichen kann, wenn sich ihr Konzept der Arbeiterkontrolle ausweitet und sie mit ihrem Experiment die Isolation durchbrechen können, indem sie sich mit anderen besetzten Betrieben der cogestión vernetzen (siehe unten).

Die Bedeutung von ALCASA

Eine Schlüsselrolle in der Bewegung für Arbeiterkontrolle nimmt der Prozess bei ALCASA, dem riesigen staatlichen Aluminiumwerk im Bundesstaat Guayana, ein. Hugo Chávez setzte im Jahre 2005 mit Carlos Lanz einen ehemaligen Guerillero und linken Intellektuellen als neuen Direktor ein. Lanz startete gezielt eine politische Kampagne, um aus ALCASA einen Vorzeigebetrieb unter Arbeiterkontrolle zu machen.

ALCASA hat seinen Standort in Puerto Ordáz (Ciudad Guayana), im von Industrie geprägten Bundesstaat Bolívar. Hier sind rund 3.000 Menschen beschäftigt. Die ArbeiterInnen wählen in Belegschaftsversammlungen nicht nur ihre eigenen SprecherInnen (die voceros), sondern auch die ManagerInnen (die gerencias). Die ManagerInnen sind wieder abwählbar und erhalten dasselbe Gehalt wie vor ihrer Wahl. Außerdem haben die ArbeiterInnen seit 2005 das Recht, den Budgetvoranschlag zu verändern. Seit Einführung der cogestión konnte die Produktivität des Unternehmens merklich gesteigert werden, was nicht zuletzt durch die Bekämpfung von Korruption und bürokratischer Ineffizienz möglich war. So war bisher bei der Reduktionsanlage III eine Fremdfirma für die Erhaltungs- und Reparaturarbeiten zuständig. Dort florierte die Korruption in unvorstellbarem Ausmaß. Die Ineffizienz war so groß, dass über sieben Jahre lang 10% der Reduktionszellen nicht funktionierten. Bei einer Belegschaftsversammlung wurde der Beschluss gefasst, den Vertrag mit der Fremdfirma aufzukündigen und die nötigen Arbeitskräfte aufzunehmen, um diese Arbeiten selbst erledigen zu können. Die Reparaturarbeiten wurden daraufhin im Rekordtempo erledigt und seither läuft die Anlage auf voller Kapazität.

Bei ALCASA können wir Arbeiterkontrolle in Embryonalform beobachten. Zwar sind die Rechte der ArbeiterInnen in den Entscheidungsprozessen sehr weitreichend, die Lage im Betrieb ist aber alles andere als abgesichert. Dass die Unternehmensführung von oben eingesetzt und nicht gewählt wird, ist z.B. noch immer ein wunder Punkt. Es wird sehr viel davon abhängen, ob es den Kräften im Betrieb, die eine revolutionäre cogestión im Sinne von Arbeiterkontrolle im Auge haben, gelingt, das Kräfteverhältnis zu ihren Gunsten zu verschieben und immer größere Teile der Belegschaft für dieses Ziel zu gewinnen und aktiv in den Kampf mit einzubeziehen.

Edgar Caldera, ein Gewerkschaftsführer der ALCASA, schrieb über sein Verständnis der cogestión:

> „Wenn es etwas gibt, das die Arbeiter klar verstehen müssen, dann ist es die Tatsache, dass die cogestión nicht zu einem Instrument zur Vertiefung der ausbeuterischen kapitalistischen Produktionsweise werden darf. Wir dürfen nicht die traurige Geschichte Europas wiederholen, wo das System der Mitbestimmung dazu missbraucht wurde, um die Rechte der Arbeiter abzubauen.
>
> Das Modell der Mitbestimmung, das wir bei ALCASA anzuwenden begonnen haben, hat damit nichts zu tun. Es geht uns vielmehr um die tatsächliche Befreiung unserer Klasse, basierend auf den revolutionären Prinzipien von Marx, Rosa Luxemburg, Trotzki und anderen. Es geht uns um die Schaffung eines Modells der Mitbestimmung und Mitverwaltung mit dem Ziel der Umwälzung der kapitalistischen Produktionsweise, die sich auf die Ausbeutung des Menschen durch den Menschen stützt. Wir streben gesellschaftliche Beziehungen an, die auf den Prinzipien der Kooperation, der Solidarität, der Gerechtigkeit, der Gleichheit, der gemeinsamen Verantwortung und des allgemeinen Wohlbefindens der ArbeiterInnen und der Bevölkerung als Ganzes aufbauen."[4]

In einem anderen Artikel schreibt er:

„Die Arbeiter der ALCASA treiben die Arbeiterkontrolle voran. Die Generalversammlung ist das höchste Entscheidungsgremium. Das Machtgefüge im Unternehmen wurde völlig verändert, die Macht liegt nun in den Händen der Arbeiter und der Gemeinde. Bei ALCASA wählen die Arbeiter die Manager, die genauso viel wie die Arbeiter verdienen und jederzeit abwählbar sind. Die wichtigsten Entscheidungen werden von der Generalversammlung getroffen."5

Sein Kollege Trino Silva sagte in einem Interview:

„Die Arbeiter sollten den Direktor von ALCASA bestimmen. Doch in der Geschäftsleitung sollen nicht nur Arbeiter sitzen. Wir denken an ein 14-köpfiges Gremium: Sieben Vollmitglieder und sieben Ersatzmitglieder. Von den sieben Vollmitgliedern sollen vier Arbeiter von ALCASA sein, zwei sollten VertreterInnen der Regierung sein (damit diese einen Überblick über unser Geschäft hat) und ein weiterer sollte die Gemeinde vertreten."6

Und er fügt hinzu:

„ALCASA gehört nicht nur den Arbeitern von ALCASA, auch nicht Trino Silva und den ALCASA-Arbeitern, sondern allen Menschen in diesem Land. Deshalb hat die Öffentlichkeit auch das Recht, in der Geschäftsleitung vertreten zu sein; erstens aus Gründen der Transparenz, und zweitens um sicherzustellen, dass ALCASA im öffentlichen Interesse funktioniert."7

Die fortgeschrittensten Teile der Belegschaft sehen ihre Tätigkeit in erster Linie als Teil der Gesamtbewegung. Die Verteidigung und das Vorwärtstreiben der Revolution ist ihre wichtigste Aufgabe. Die Bildung einer Arbeitermiliz im Werk ist in diesem Lichte zu sehen. In einem eigenen Zentrum für politische Bildung sollen immer größere Teile der Belegschaft von den Ideen der cogestión und den Zielen der Revolution überzeugt werden.

Die Allgemeinheit profitiert von der neuen Situation. Im Jahr 2004 gab ALCASA 24 Mrd. Bolívar (9 Millionen Euro) für die medizinische Versorgung seiner Beschäftigten in Privatkliniken aus. Weiters besitzt die Gewerkschaft ein Stück Land, das an die Fabrik angrenzt. Sie hat nun beschlossen, dieses Land an den Staat abzugeben, damit dort ein öffentliches Krankenhaus für die ArbeiterInnen der ALCASA und die angrenzenden Gemeinden errichtet werden kann. Außerdem wird daran gearbeitet, dass das Unternehmen gemeinsam mit anderen eine Kantine für die Beschäftigten der ALCASA und Menschen aus der Umgebung anbieten kann. Auf diesem Weg will man 200 Köchen aus der Umgebung einen Arbeitsplatz geben. Weiters soll in der Region das Monopol privater Transportunternehmen gebrochen werden, damit für die Bevölkerung ein besseres Service und ein leistbares öffentliches Verkehrssystem angeboten werden kann. Hier zeigt sich in der Praxis die Überlegenheit einer Arbeiterdemokratie bei der Verwaltung der Gesellschaft. Die ArbeiterInnen sehen, wo man den Hebel ansetzen muss, wo es Verbesserungen braucht. Kontrollieren ArbeiterInnen die Wirtschaft, dann können sie auch die Investitionen an der Bedürfnissen der Mehrheit ausrichten. Wenn die Erfahrungen, die bisher von den ArbeiterInnen bei der Leitung und Organisierung der Produktion gemacht wurden, landesweit ihre Wiederholung finden und der gesellschaftliche Reichtum durch eine demokratisch geplante Wirtschaft allen zugänglich gemacht wird, wäre in Venezuela eine gewaltige ökonomische und gesellschaftliche Entwicklung möglich.

Die Grenzen des Experiments der ALCASA liegen aber klar auf der Hand. Das Unternehmen hat jahrelang rote Zahlen geschrieben. Die staatliche Bürokratie wird versuchen, die Kreativität und Leistungsfähigkeit der ArbeiterInnen dafür zu nutzen, das Unternehmen wieder in die Gewinnzone zu führen. Sobald dieses Ziel erreicht ist, müssen wir mit Angriffen auf dieses ausgeprägte Modell der cogestión rechnen. Falls umgekehrt ALCASA weiterhin Verluste schreibt, wird dies zum Anlass genommen werden, um gegen die Ineffizienz von Betrieben mit cogestión zu Felde zu ziehen.

Unmöglichkeit sozialistischer Inseln

Im Kampf um Arbeiterkontrolle kann die Arbeiterklasse vorwärts schreiten. Sie kann dabei zu dem Punkt gelangen, die Machtfrage zu stellen. Denn über kurz oder lang muss diese Frage gestellt werden. Es geht um die Enteignung der Schlüsselbetriebe und des Bankensektors – und damit letztlich darum, wer wirklich über die politische Macht im Staat verfügt. Solange einzelne Unternehmen, in denen Arbeiterkontrolle und Arbeiterselbstverwaltung durchgesetzt wurden, im Rahmen einer kapitalistischen Wirtschaft operieren, werden sie den Gesetzmäßigkeiten des Kapitalismus gehorchen müssen. Die Errichtung von sozialistischen Inseln ist zum Scheitern verurteilt. Erst durch die Integration solcher Betriebe unter Arbeiterkontrolle in eine demokratisch geplante Gesamtwirtschaft wird die Vergesellschaftung der Produktion im Interesse aller möglich sein.

Ein gutes Beispiel dafür bot vor nicht allzu langer Zeit das Aluminiumwerk Alcan in Jonquière im kanadischen Québec. Alcan ist der weltweit größte Aluminiumproduzent. Das Werk in Jonquière sollte 2004 plötzlich stillgelegt werden. Aus einem Defensivkampf zur Verteidigung ihrer Arbeitsplätze besetzten die ArbeiterInnen daraufhin das Werk. Das Management sabotierte natürlich die Bestrebungen der Belegschaft mit allen Mitteln, worauf die ArbeiterInnen allen ManagerInnen und Vorgesetzten den Zutritt zur Fabrik verweigerten. Die Produktion konnte trotzdem von den ArbeiterInnen in Eigenregie gesteigert werden. Doch die ArbeiterInnen von Alcan sahen sich letztlich einer Übermacht gegenüber. Die bürgerlichen Massenmedien starteten eine unvorstellbare Kampagne gegen sie. Der Druck durch die staatlichen Stellen wuchs immer mehr an. Andere Unternehmen weigerten sich Rohstoffe an den besetzten Betrieb zu verkaufen, der dadurch regelrecht ausgehungert wurde. Schlussendlich sahen sich die ArbeiterInnen gezwungen aufzugeben.

Betriebe unter Arbeiterkontrolle sind wie jedes andere Unternehmen in den Kreislauf der Gesamtökonomie eingebettet. Sie sind auf Zulieferbetriebe angewiesen, brauchen Kredite und müssen selbst auf dem Markt ihre Waren verkaufen. Auch der besetzte Betrieb muss daher in letzter Instanz der kapitalistischen Logik folgen. Daraus folgt, dass die Arbeiterkontrolle bei Gefahr des Untergangs nicht auf einzelne Betriebe beschränkt bleiben darf sondern ausgeweitet werden muss.

Ausweitung?

So wichtig es ist, die zukünftigen Gefahren zu erkennen, so sollten wir doch sehen, dass der Prozess derzeit in eine andere Richtung weist. Im Sommer 2005 ging Hugo Chávez mit einer Liste von 1.149 stillgelegten Betrieben an die Öffentlichkeit, die enteignet werden sollten. Von einer Enteignung und Weiterführung der Betriebe unter Cogestión erwarte er mehr Beschäftigung. Es sollte die Sabotage seitens der UnternehmerInnen gebrochen und damit Venezuelas Abhängigkeit von Importen reduziert werden.

Diese Ankündigung gab der Bewegung für Arbeiterkontrolle weiteren Rückenwind. In unzähligen Fällen, wo ArbeiterInnen sich gezwungen sehen ihre Jobs, Einkommen und sozialen Rechte zu verteidigen und einzufordern, kommen sie zu dem Schluss, dass sie ihre grundlegendsten Ziele nur dann erreichen werden, wenn sie ihren Kampf um die Losung nach Enteignung des Betriebes unter Arbeiterkontrolle erweitern.

Die marxistische Strömung in Venezuela versucht seither an der Erklärung von Chávez anzuknüpfen. Was würde eine Umsetzung dieser Enteignungspolitik konkret bedeuten? Würde der Staat diese Betriebe verstaatlichen, dann müssten diese mit Rohstoffen versorgt werden, um die Produktion tatsächlich wieder in Gang zu setzen. Im Gegenzug bräuchten diese Unternehmen Abnehmer für ihre Produkte. Die Notwendigkeit eines Wirtschaftsplans zur Lösung dieser Fragen wäre offensichtlich. Mit größter Wahrscheinlichkeit würde die Bewegung der besetzten Betriebe diese Forderung selbst aufstellen und an Chávez richten. Es würde eine Dynamik entstehen, die nicht mehr so leicht zu bremsen wäre. Denn die ArbeiterInnen würden sich die Frage stellen, warum nur stillgelegte und verlustbringende Betriebe vergesellschaftet werden sollten bzw. warum die Profite privat bleiben. Der Druck würde steigen, dass alle Schalthebel der Wirtschaft, allen voran die Banken und Versicherungen, enteignet werden müssten. Die Widersprüche, die aus solch einer Verstaatlichungspolitik erwachsen, wie sie Chávez angekündigt hat, könnten nur unter den Rahmenbedingungen einer demokratischen Planwirtschaft aufgelöst werden.

Chávez hat damals auch den privaten Eigentümern das Angebot gemacht, dass die öffentliche Hand billige Kredite zur Verfügung stellen würde, wenn sie ihre Betriebe offen halten. Dies aber unter der Bedingung, dass die Unternehmer der Belegschaft Mitbestimmungsrechte geben und diese am Unternehmenserfolg beteiligt wird. Unter normalen Umständen wäre dies ein kluger Schachzug, um die ArbeiterInnen ideologisch zu entwaffnen. Die Geschichte des Klassenkampfs kennt mehrere Beispiele, wo das Kapital auf massiven Druck von unten mit solchen Kompromissvorschlägen reagiert hat. Angesichts der Dynamik des Klassenkampfes im heutigen Venezuela würde es aber nur zusätzlich das Selbstvertrauen der ArbeiterInnen stärken und somit den Klassenkampf in den Fabriken zuspitzen.

Die Bewegung der besetzten Betriebe nimmt eine zentrale Rolle im Kampf für die sozialistische Revolution ein. Das entbindet sie allerdings nicht der Aufgabe, die gesamte Arbeiterklasse im Kampf zu vereinen. Dazu zählen auch Hausfrauen, Jugendliche und Studierende, LandarbeiterInnen, PensionistInnen und RentnerInnen aus den unteren sozialen Schichten. Eine wichtige Rolle in diesem Kampf käme selbstredend den Gewerkschaften zu. Nicht umsonst richtet das CMR gerade an die UNT die Forderung, die Ankündigung von Chávez bezüglich der Enteignung von leer stehenden Betrieben aufzunehmen und in die Tat umzusetzen.

Von ersten Vernetzungsversuchen...

Die Bewegung der besetzten Betriebe ist zweifelsohne der derzeit wichtigste Ansatzpunkt dafür, die venezolanische Revolution vorwärts zu treiben. Ein wichtiger Schritt in dieser Hinsicht ist aus Sicht der marxistischen Strömung in Venezuela die Vernetzung all jener Belegschaften und Gruppen von

ArbeiterInnen, die ihre Betriebe besetzt halten und für Enteignung und Cogestión kämpfen.

Schon im Juni 2005 fand eine erste Versammlung mit VertreterInnen der Belegschaften von INVEVAL, ALCASA, PDVSA u.a. statt, die dahingehende Diskussionen führten. Damals wurden sehr richtungweisende Beschlüsse gefasst. Man kam überein, eine gemeinsame Front zur Verteidigung der revolutionären Mitverwaltung auf lokaler und gesamtstaatlicher Ebene zu gründen. Ihrer Ansicht nach bedeutet der Kampf für die cogestión, die kapitalistischen Verhältnisse anzugreifen – mit dem Ziel, einen sozialistischen Staat aufzubauen. Man lehnte die Losung der Mitarbeiterbeteiligungen ab, da sie die Arbeiterklasse nur spalten kann. Nötig sei die Verstaatlichung der Betriebe als notwendige Ergänzung zur Bewegung für Arbeiterkontrolle. Alle Gewinne sollen dann entsprechend den Bedürfnissen der Gesellschaft durch Planungsstellen der Räte verteilt werden, welche an die Entscheidungen von Massenversammlungen gebunden sein würden. Den Arbeiterdelegierten war klar: Es brauche eine Ausweitung der Revolution auf ganz Lateinamerika und letztlich auf die ganze Welt, damit die bolivarische Revolution siegen kann.

Das ist es, was die fortgeschrittensten Teile der venezolanischen ArbeiterInnenbewegung unter Cogestión oder Mitverwaltung verstehen. Es ist aus ihrer Sicht ein Schritt in Richtung des Aufbaues einer sozialistischen Gesellschaft. Das CMR setzt die Ausweitung und Vernetzung der Bewegung der besetzten Betriebe konsequent in den Mittelpunkt ihrer Propaganda und praktischen Aktivität.

...zur Revolutionären Front

Im Februar 2006 wurde auf Initiative des CMR die Revolutionäre Front der ArbeiterInnen in besetzten Betrieben oder in Betrieben unter Cogestión gegründet. Das Gründungstreffen, an dem Dutzende VertreterInnen einer Reihe von Betrieben teilnahmen, fand auf dem Betriebsgelände von INVEVAL statt. Erstmals wurde ein derartiges Treffen von den ArbeiterInnen selbst organisiert und finanziert. In den Betrieben wurde im Rahmen von Belegschaftsversammlungen die Wahl von Delegierten abgehalten.

Im Anschluss an das Einleitungsreferat von Jorge Paredes, einem der Führer der Belegschaft von INVEVAL und Mitglied des CMR, über die Perspektiven der venezolanischen Revolution wurde ein Manifest der Revolutionären Front verabschiedet, in dem die Ausweitung des Prozesses der Enteignungen und Verstaatlichungen unter Arbeiterkontrolle zum vorrangigen Ziel der Front erklärt wurde.1

Die Front ruft weiters alle ArbeiterInnen auf sich zu „organisieren und in der UNT für eine revolutionäre Gewerkschaftspolitik einzutreten." An die beim bevorstehenden Gewerkschaftskongress zu wählende Führung der UNT richtet sie den Appell „eine landesweite Kampagne zur Besetzung und Enteignung der Betriebe unter Arbeiterkontrolle zu starten."

Das Manifest spricht sich außerdem unmissverständlich für die Einführung einer demokratischen Planwirtschaft aus. Die Zukunft der Bolivarischen Revolution könne nur im Sozialismus liegen, wobei dies nur über die Enteignung der Schlüsselindustrien und der Banken unter der Kontrolle der ArbeiterInnen und aller Betroffenen gehen könne.

Auf dem Treffen wurde auch die Erfahrung mit der Cogestión ein Jahr nach der Enteignung von Venepal und der CNV diskutiert. Ramón Lagardera, der neue Vorsitzende der Genossenschaft bei INVEPAL COVIMPA, war ein Hauptredner. Er berichtete, dass vor kurzem die ArbeiterInnen aus Unmut über die bisherige Führung der Genossenschaft, welche völlig undurchsichtig arbeitete und die ursprünglichen Ziele längst aufgegeben hatte, eine Belegschaftsversammlung einforderten und dort neue Delegierte wählten. Das Problem liegt nun aber darin, dass das Ministerium für öffentliche Wirtschaft diese Wahlentscheidung nicht akzeptieren will. Die anwesenden INVEPAL-ArbeiterInnen bekräftigten, dass Arbeiterdemokratie die einzige Alternative zur Bürokratie darstellt.

An dem Treffen nahmen auch INVEPAL-ArbeiterInnen vom Standort in Maracay teil, die von der alten Genossenschaftsführung ohne das Wissen der Stammbelegschaft in Morón für niedrigere Löhne und schlechtere Arbeitsbedingungen angestellt worden waren. Daraufhin führten sie einen Kampf für die Angleichung ihrer Löhne und Bedingungen an die der restlichen Belegschaft.

Bei INVEVAL, wo noch die Wiederaufnahme der Produktion geplant und vorbereitet wird, haben die ArbeiterInnen gegen den Willen des Ministeriums die Kontrolle über alle Entscheidungsprozesse erkämpft. Die Belegschaftsversammlung ist dort das höchste Entscheidungsgremium, obwohl der Staat 51% der Anteile am Unternehmen hält. Der Unternehmensdirektor wird somit aus den Reihen der ArbeiterInnen gewählt.

Ebenfalls erschienen waren Vertreter mehrerer Genossenschaften. Sie erzählten vor allem von ihren Erfahrungen aus der Praxis, wie sie von Banken sabotiert werden und welche Schwierigkeiten sie im Wettbewerb auf dem freien Markt haben. Nicht selten fehlt es an den nötigen Betriebsstätten bzw. am Kapital für ihre Anschaffung. Eine Gruppe von vier Produktionsgenossenschaften in Charallave, Miranda, hat sich deshalb dazu entschlossen kurzerhand die stillstehende Anlage von Alfa Quark (rund 18.000 Hektar Land) zu besetzen und die Enteignung derselben im Sinne der Genossenschaften zu fordern. Die Front solidarisierte sich mit diesem Kampf.

Im Anschluss an die Diskussion verabschiedete die Konferenz ein Dokument zur Cogestión, das die ArbeiterInnen von INVEVAL in Anlehnung an Lenins Diskussionsvorschlag für ein Dekret zur Arbeiterkontrolle aus dem Jahr 1917 geschrieben hatten.2

Zum Abschluss wurden konkrete Vorschläge für die Weiterarbeit der Front abgestimmt. Ein Koordinationskomitee wurde gewählt. Zur Unterstützung der (großteils weiblichen) Belegschaft der Textilfabrik Sel-Fex in Caracas, die ebenfalls zu diesem Treffen Delegierte entsandte, wurde für den 14. März zu einer Demonstration der ArbeiterInnen aller besetzten Betriebe aufgerufen. Dabei sollte der Forderung nach einer Enteignung der Sel-Fex, der Enteignung der Anlagen von Alfa-Quark und nach Anerkennung der neuen Führung bei INVEPAL und der Forderung nach sozialer Gleichstellung aller ArbeiterInnen bei INVEPAL Nachdruck verliehen werden.

Dieses Treffen war ein wichtiger Meilenstein für die Bewegung der besetzten Betriebe. Die Fehler der vergangenen Monate wurden bilanziert und die ArbeiterInnen zogen selbst die nötigen Lehren. Mit der Revolutionären Front wurde erstmals eine Struktur geschaffen, mit der die ArbeiterInnen selbst den Kampf in die Hand nehmen können. Die ArbeiterInnen haben damit einen Referenzpunkt für die gesamte revolutionäre Bewegung geschaffen, der zeigen könnte, welchen Weg die Revolution beschreiten sollte.

Marxismus, Arbeiterkontrolle und Arbeiterselbstverwaltung

Der Erfolg der Bewegung der besetzten Betriebe wird davon abhängen, ob sie sich ausdehnt und eine gesamtgesellschaftliche Dimension erlangt. Arbeiterkontrolle bedeutet Doppelherrschaft im Betrieb. In einer Revolution kommt es zur Herausbildung einer Doppelmacht in der Gesellschaft, wobei sich neben dem bürgerlichen Staat auch Formen der proletarischen Gegenmacht (z.B. Arbeiterräte) entwickeln. MarxistInnen lehnen eine mechanische, formalistische und vorgefertigte Konzeption der Entwicklung der sozialistischen Revolution ab. Die Doppelherrschaft in den Betrieben wird nicht gleichzeitig auftreten wie jene auf der Ebene des Staates. Leo Trotzki schrieb dazu:

„Die Losung der Arbeiterkontrolle über die Produktion gehört im Großen und Ganzen der gleichen Periode an wie die Schaffung von Sowjets. Aber auch das darf nicht mechanisch verstanden werden. Besondere Bedingungen können die Massen sehr viel früher zur Produktionskontrolle bringen, als sie bereit sind, an die Schaffung von Sowjets heranzugehen."[3]

Es wird auf die konkreten Umstände eines revolutionären Prozesses ankommen, welches Element sich früher entwickelt und welches später. Auf alle Fälle sind beide dialektisch miteinander verbunden und bedingen einander.

Das Konzept der Arbeiterkontrolle birgt eine Reihe von Widersprüchen. Dies liegt in der Natur der Sache. Es handelt sich um eine Form der Doppelherrschaft, die per definitionem nur ein Zwischenstadium sein kann und früher oder später auf die eine oder andere Art und Weise gelöst werden muss. Doppelherrschaft setzt voraus, dass die Gesellschaft in zwei sich unversöhnlich gegenüberstehende Klassen gespalten ist. Die eine klammert sich an die alte Ordnung und ist unfähig die Gesellschaft noch weiterzuentwickeln, die andere verkörpert die Zukunft im Sinne einer revolutionären Neugestaltung der Gesellschaft. Dieser Widerspruch kann sich nur dann positiv lösen, wenn die Arbeiterklasse die Macht erobert und die Revolution auf sozialistischer Grundlage zu Ende führt. Andernfalls würden sich die reaktionären Kräfte neu sammeln und im richtigen Moment zurückschlagen. Die Revolution würde erwürgt. Das ist die Lehre aus allen bisherigen Revolutionen.

Mit anderen Worten: Arbeiterkontrolle kann kein dauerhafter Zustand sein. Sie ist Bestandteil einer extrem zugespitzten Klassenkampfsituation, in der die Frage der Doppelherrschaft auf die eine oder andere Weise gelöst werden muss. Das Konzept der Arbeiterkontrolle ist somit eine klassische Übergangsmaßnahme, sie stellt eine Brücke dar zur revolutionären Verstaatlichung der Produktionsmittel und damit vom Übergang von einer bürgerlichen zu einer proletarischen Herrschaft.

Es ist wichtig, den Unterschied zwischen Arbeiterkontrolle und Arbeiterselbstverwaltung zu verstehen. Arbeiterkontrolle bedeutet, wie erwähnt, dass die Kontrolle in den Händen der ArbeiterInnen liegt, dass aber der Kapitalist weiterhin Eigentümer über die Produktionsmittel ist. Die Arbeiterkontrolle kann dabei sehr weitreichend sein, sie bleibt aber Kontrolle.

Die tatsächliche Verwaltung der verstaatlichten Industrien erfordert neue Formen der Verwaltung und damit verbunden ein besonderes Wissen, technische und organisatorische Fertigkeiten, welche sich die ArbeiterInnen erst aneignen müssen. Die ArbeiterInnen haben in gewissem Maße ein Interesse an einer Kontinuität in der Verwaltung. Die Arbeiterkontrolle ist in dieser Hinsicht eine Phase der Vorbereitung auf die Aufgaben der Arbeiterselbstverwaltung im Rahmen einer demokratischen Planwirtschaft.

„Die Arbeiterkontrolle beginnt beim einzelnen Unternehmen. Das Kontrollorgan ist der Betriebsausschuss. Die betrieblichen Kontrollorgane treten miteinander in Verbindung, je nach den wirtschaftlichen Zusammenhängen der verschiedenen Unternehmen. In diesem Stadium besteht noch kein allgemeiner Wirtschaftsplan. Die Praxis der Arbeiterkontrolle bereitet lediglich die Elemente dieses Planes vor.

Die Produktionsleitung durch die Arbeiter geht dagegen schon von Anfang an in hohem Grade von oben aus, denn sie ist direkt mit der Macht und mit einem allgemeinen Wirtschaftsplan verbunden. Leitungsorgane sind nicht mehr die Betriebsausschüsse, sondern die zentralisierten Sowjets. Die Rolle der Betriebsausschüsse bleibt natürlich sehr bedeutend. Aber auf dem Gebiet der Betriebsleitung handelt es sich nicht mehr um eine Führungs-, sondern um eine Hilfsfunktion."4

Arbeiterselbstverwaltung in der Industrie geht zwangsläufig von oben aus, weil sie undenkbar ist ohne die Existenz eines Arbeiterstaates und eines Wirtschaftsplans. Die Arbeiterkontrolle geht von unten aus und wird durch die Fabrikkomitees (oder Betriebsausschüsse) ausgeübt. Die Selbstverwaltung hat ihre entsprechenden Organe in zentralisierten nach den Prinzipien der proletarischen Demokratie funktionierenden Arbeiterräten, die das Gerüst des Arbeiterstaates bilden. Bei Übergang von der Arbeiterkontrolle zur Arbeiterselbstverwaltung verschwinden die

Fabrikkomitees nicht, aber sie bekommen eine andere, wenn auch nicht weniger wichtige Funktion.

Als MarxistInnen sind wir keine SyndikalistInnen, d.h. wir glauben nicht, dass das Eigentum an einzelnen Betrieben kollektiv in die Hände der jeweiligen Belegschaft übergehen soll. Eine der Schlüsselaufgaben bei der sozialistischen Transformation der Gesellschaft ist die Herausbildung eines kollektiven, gesellschaftlichen Eigentums an den Produktionsmitteln und die Aufhebung der Konkurrenz innerhalb der Ökonomie. Die Überführung der Produktionsmittel in staatliches Eigentum ist der erste Schritt und eine notwendige Vorbedingung.

Die Ausschüttung des Profits unter der Belegschaft eines Betriebes lehnen wir ab, weil es ein bürgerliches Konzept ist. Die ArbeiterInnen sollten einen angemessenen Lohn erhalten, von dem man ein menschenwürdiges Leben führen kann, die Profite aber werden nun nicht mehr dem Unternehmer, sondern der gesamten Gesellschaft gehören.

Würde es in einem Arbeiterstaat nicht zur Herausbildung einer vollständigen Selbstverwaltung der Wirtschaft durch Arbeiterräte oder andere Formen der Selbstorganisation der Arbeiterklasse kommen und die Konkurrenz zwischen den einzelnen Betrieben weiter bestehen, dann wäre es undenkbar, einen umfassenden Wirtschaftsplan zu koordinieren. Der Aufbau einer sozialistischen Gesellschaft wäre unter diesen Bedingungen unmöglich. Deshalb lehnen wir auch die anarchistische oder syndikalistische Vorstellung ab, dass die ArbeiterInnen eines jeden Betriebes ihren eigenen Betrieb besitzen sollten. Dieses Konzept des „lokalen" Eigentums ändert nichts am gesellschaftlichen Charakter des Betriebes. Die Aneignung erfolgt noch immer individuell, und man kann nicht von einem vergesellschafteten Eigentum sprechen. Ein von den ArbeiterInnen in Form einer Genossenschaft in Selbstverwaltung geführter Betrieb wäre weiterhin ein kapitalistisches Unternehmen. Das Hauptziel wäre noch immer die Maximierung des Profits.

MarxistInnen propagieren im Gegensatz dazu ein Konzept der Arbeiterverwaltung im Rahmen einer demokratisch geplanten Wirtschaft, wobei die Leitung der Betriebe von einem Gremium ausgeübt wird, dass sich zu gleichen Teilen aus von der Belegschaft gewählten Delegierten, aus VertreterInnen des Gewerkschaftsdachverbandes sowie aus VertreterInnen des Arbeiterstaates zusammensetzt. Während erstere vor allem die konkreten Interessen der Belegschaft (Lohn, Arbeitsbedingungen, Qualifikation usw.) in einem Betrieb verteidigen sollten, haben die GewerkschaftsvertreterInnen die allgemeinen Interessen der Klasse im Auge zu behalten. Die VertreterInnen des Arbeiterstaates schließlich sollten die Einhaltung des nationalen Produktionsplanes garantieren.

Revolutionäre Methode

Aus der eigenen Erfahrung haben Teile der Arbeiterklasse das Verständnis entwickelt, dass Arbeiterkontrolle ein mächtiges Werkzeug in ihren Händen sein kann. Das Privateigentum an den Produktionsmitteln wird dadurch zutiefst in Frage gestellt. Der Kampf für die Cogestión ist diesem Verständnis zufolge gleichbedeutend mit dem Kampf für die Schaffung einer neuen Gesellschaft.

Die Cogestión setzt im Herzen der kapitalistischen Produktionsweise an – in den Betrieben. Die Arbeiterkontrolle ist im Gegensatz zur Mitbestimmung im klassischen Sinn eine revolutionäre Methode, die auf den Sturz des Kapitalismus hinarbeitet. Sie entstand aus der Verteidigung des revolutionären Prozesses und der konkreten sozialen Interessen der Arbeiterklasse und der Armen und birgt das Potential in sich, die Revolution über die Grenzen des Kapitalismus hinaus zu treiben. Wir sehen in Venezuela, wie die Grundlagen für eine neue Gesellschaft geschaffen werden.

Die Bedeutung dieser Losung liegt darin, dass sie der Arbeiterklasse hilft zu der Schlussfolgerung zu kommen, dass die bolivarische Revolution mit dem Kapitalismus brechen muss. Die Schritte dahin sind: Enteignung und Verstaatlichung unter Arbeiterkontrolle und Aufbau einer demokratischen

Planwirtschaft. Dies wird nur möglich sein, wenn sich die Arbeiterklasse organisiert, Aktionskomitees in den Betrieben und revolutionäre Gewerkschaften schafft, die diesen Kampf führen können und die in der Folge die Organe einer Arbeitermacht bilden können, ohne die eine sozialistische Demokratie und eine demokratische Planwirtschaft nicht funktionieren können.

Beim Gründungstreffen der Revolutionären Front meinte ein Redner in der Diskussion über den Charakter der Cogestión: „Wir sind glücklich darüber, was wir bis jetzt erreicht haben, weil wir uns nun unserer enormen Kraft bewusst sind, die die Arbeiterklasse als Ganzes hat. Wir Arbeiter können die Betriebe führen, und nicht nur die Betriebe, sondern die ganze Gesellschaft. Die Lehre aller vergangenen Revolutionen kann nur sein, dass wir unseren eigenen Staat, einen Arbeiterstaat, brauchen, weil die Bourgeoisie im Staat und selbst in der Regierung noch immer ihre Marionetten sitzen hat. Das sind diejenigen, die uns andauernd glauben machen wollen, dass es nicht möglich ist, dass die ArbeiterInnen die Betriebe verwalten können. Wir aber haben bewiesen, dass sie mit ihren Ansichten falsch liegen." Durch die Cogestión erlernen die ArbeiterInnen das nötige Werkzeug zur Verwaltung der Wirtschaft, aber für sich allein genommen bedeuten sie noch nicht das Ende des Kapitalismus. Sie ist eine „Schule der Planwirtschaft", weil sie den ArbeiterInnen ermöglicht, ein wissenschaftliches Verständnis über die Funktionsweise der Ökonomie zu erlangen, so dass sich die Menschheit die Fertigkeiten für die bewusste und demokratische Planung der Produktion und der Ökonomie als Ganzes erarbeitet. Durch die Erfahrungen mit der Arbeiterkontrolle bereitet sich die Arbeiterklasse selbst auf die direkte Verwaltung der verstaatlichten Wirtschaftsbereiche vor. Das setzt also die Enteignung der Schlüsselindustrien und Banken voraus. Die Eigentumsfrage ist daher von zentraler Bedeutung. Die Arbeiterklasse wird die Wirtschaft nur kontrollieren und lenken können, wenn sie über sie auch verfügen kann und sie in ihren Händen hält. Solange das kapitalistische Eigentumsverhältnis besteht, ist die Cogestión nur eine halbe Sache.

Mit der Bewegung der besetzten Betriebe hat die bolivarische Revolution jedenfalls den Weg der sozialistischen Revolution eingeschlagen.

Fußnoten:

1 Leo Trotzki, Was nun?, 1932, www.marxists.org/deutsch/archiv/trotzki/1932/wasnun/kap14.htm

2 Original auf Spanisch unter:
http://venezuela.elmilitante.org/index.asp?id=muestra&id_art=93

3 Rob Lyon, Control obrero y nacionalización, 26. Februar 2006, http://venezuela.elmilitante.org/index.asp?id=art&imprime=art&id_art=238 6

4 Edgar Caldera, Alcasa: Cogestión, Control Obrero y Producción, http://venezuela.elmilitante.org/index.asp?id=muestra&id_art=1999

5 Edgar Caldera, Alcasa: ¿Cogestión burguesa o cogestión obrera?, http://venezuela.elmilitante.org/index.asp?id=muestra&id_art=1917

6 „Los trabajadores del aluminio en Venezuela eligen a sus administradores y aumentan la producción", Interview mit Trino Silva, http://www.venezuelanalysis.com/articles.php?artno=1407

7 Ebenda.

8 Der gesamte Text auf Spanisch findet sich unter: http://venezuela.elmilitante.org/index.asp?id=muestra&id_art=2393

9 Siehe W.I. Lenin, *Entwurf von Bestimmungen über die Arbeiterkontrolle,* 26./27. Oktober 1917, Lenin Werke Band 26, Seite 267/268

10 Leo Trotzki, a.a.O.

11 Trotzki, a.a.O.

12 „Wir der Betrieb geschlossen, dann wird der Betrieb besetzt!", Anm. d. Übers.

Thesen der Corriente Marxista Revolucionaria (CMR) zur Frage der Cogestión

1) Die massiven Unternehmeraussperrungen und die Vernichtung von Arbeitsplätzen spiegeln die tiefgehende Krise des kapitalistischen Systems in Venezuela sowie den vollkommen parasitären Charakter der Bourgeoisie in unserem Land wider. Seit 1999 wurden fast 5.000 Produktionsbetriebe geschlossen und somit 100.000 Arbeitsplätze vernichtet. Dies ist Teil der wirtschaftlichen Sabotage gegen die Bolivarische Revolution.

2) Die Wiederinstandsetzung der Erdölindustrie durch die Belegschaft als Reaktion auf die Sabotage seitens der Putschisten und die Weiterführung der Produktion unter Arbeiterkontrolle zeigen, dass ArbeiterInnen zur Führung der Betriebe weder Unternehmer noch eingesetzte Bürokraten brauchen. Wenn es bei der PDVSA, dem größten Unternehmen im Land mit einem hohen technologischen Niveau, möglich war, dann können wir das in jedem Sektor der Wirtschaft. Die Fabriken können auch ohne Unternehmer funktionieren, aber die Unternehmer können ohne die Arbeiter gar nichts ausrichten.

3) Unter diesen Bedingungen muss die Arbeiterklasse zur Verteidigung der Arbeitsplätze die Wiederinstandsetzung der stillgelegten Betriebe in ihre Hände nehmen und die Produktion wieder ankurbeln. Unsere Losung muss lauten: „ ¡Fábrica cerrada, fábrica tomada!"5 .
Wir Arbeiter selbst müssen die Initiative ergreifen und die Betriebe besetzen und die Produktion wieder in Gang setzen. Hierzu brauchen wir landesweit die Unterstützung durch gewerkschaftliche Aktionskomitees der UNT für die Wiederinstandsetzung der Betriebe. Sind die Fabriken erst einmal besetzt, so müssen wir von der Regierung die Legalisierung dieses Vorgehens in Form von Enteignungen und einer Verwaltung des Betriebes durch die Arbeiter fordern. Wenn die Unternehmer nicht bereit sind zu produzieren - wir sind es.

4) Die Unternehmen in öffentlicher Hand unter Arbeiterkontrolle dürfen nicht als Eigentum der dort beschäftigten ArbeiterInnen betrachtet werden, sondern müssen im Interesse der gesamten Bevölkerung geführt werden. Von diesem Standpunkt erachten wir die Verstaatlichung unter der demokratischen Kontrolle der Arbeiter als die geeignetste Eigentumsform - und nicht Genossenschaften oder die Beteiligung der ArbeiterInnen an den Unternehmen über Aktien.

5) In Staatsbetrieben wie auch in öffentlichen Einrichtungen und in jenen Betrieben, die von den Arbeitern übernommen und enteignet werden, ist die Arbeiterkontrolle und -verwaltung eine Grundvoraussetzung, wenn es darum geht, eine neue Bürokratie zu verhindern und die Korruption zu bekämpfen. Die Arbeiter wissen am besten, wie man am effizientesten produzieren kann. Niemand kann die notwendige Kontrolle besser ausüben als sie.

6) Die Arbeiterkontrolle und -verwaltung muss auf alle staatlichen Unternehmen und Einrichtungen ausgeweitet werden. Dies muss auch für die strategischen Industrien gelten. Waren es doch gerade die Arbeiter, die mittels der Arbeiterkontrolle die Sabotage in der Erdölindustrie verhindern konnten. Arbeiterkontrolle und -verwaltung sind die beste Garantie, dass diese strategischen Unternehmen der Grundstoffindustrie im Dienste der venezolanischen Bevölkerung geführt und gegen alle Angriffe durch die Oligarchie und den Imperialismus verteidigt werden.

7) Die Arbeiterkontrolle und -verwaltung muss auf alle Aspekte der Industrie ausgeweitet werden und darf sich nicht auf zweitrangige Fragen beschränken. Wir fordern die Offenlegung der Geschäftsbücher. Den Arbeitern müssen alle Informationen zugänglich sein. In jedem Betrieb muss es Komitees der Arbeiterverwaltung geben, die von den Arbeitern in Vollversammlungen gewählt werden und jederzeit abwählbar sind. Die gewählten Arbeitervertreter in diesen Komitees erhalten denselben Lohn oder Gehalt wie vor ihrer Wahl. Wenn es keine Privilegien gibt, dann gibt es auch keine Bürokratie.

8) Die Arbeiter der besetzten Betriebe müssen sich untereinander und mit den Beschäftigten in den bereits staatlichen Unternehmen koordinieren und vernetzen. Es müssen sich in jeder Branche Komitees zur Wirtschaftsplanung bilden. Die Vertreter in diesen Komitees werden ebenfalls von den Arbeitern demokratisch gewählt und sind jederzeit abwählbar und genießen keinerlei materiellen Privilegien, mit Ausnahme einer Freistellung für die Stunden, die sie zur Ausübung ihrer Funktion benötigen.

9) Der Kampf für die Wiederinstandsetzung der Betriebe und für die Arbeiterkontrolle ist Teil des Kampfes gegen die Anarchie des kapitalistischen Systems, das die Mehrheit der Bevölkerung zu Hunger, Armut, Arbeitslosigkeit und in den informellen Sektor zwingt. Dieser Kampf kann nur siegreich sein, wenn wir die Verstaatlichung des Bankensystems unter Arbeiterkontrolle erkämpfen. Denn nur so können wir den besetzten Betrieben die nötigen Finanzmittel zukommen lassen. Die Einführung einer demokratischen Wirtschaftsplanung durch die ArbeiterInnen im Dienste der Bevölkerung setzt die Verstaatlichung der wichtigsten Monopolgruppen des Landes voraus, die die Lebensmittelversorgung, die Telekommunikation, den Transport und die Industrieproduktion usw. kontrollieren. Das wäre die Basis für eine sozialistische Wirtschaft, die von den Komitees für Wirtschaftsplanung auf lokaler, bundes- und nationalstaatlicher Ebene demokratisch gelenkt wird.

Die Debatte, die nun in der bolivarischen Revolution über Arbeiterkontrolle und Arbeiterverwaltung, besetzte Betriebe und Sozialismus des 21. Jahrhunderts geführt wird, strahlt weit über die Grenzen Venezuelas hinaus. Auch in anderen Ländern verfolgt die Arbeiterklasse mit großem Interesse diese Debatte, und umgekehrt können die venezolanischen Arbeiter viel von den Erfahrungen ihrer Kollegen in anderen Ländern lernen. Die einzigen Verbündeten, auf die sich die Arbeiterklasse und die Bevölkerung in Venezuela verlassen können, sind die Arbeiter und Bauern im Rest der Welt. Wir haben alle denselben Gegner: Kapitalismus, Imperialismus und die Oligarchie. Wir führen daher auch denselben Kampf. Das kapitalistische

System ist längst ein weltweites System der imperialistischen Herrschaft, der Kampf der Arbeiterklasse für den Sozialismus kann daher auch nur ein internationaler sein. Aus diesem Grund ist die CMR Teil der Internationalen Marxistischen Strömung. Für uns sind die Ideen des wissenschaftlichen Sozialismus, des Marxismus, der einzige Weg, auf dem die Arbeiterklasse zum Sieg gelangen kann.

Selbstverwaltung – Die Lehren aus Jugoslawien

„Jugoslawien vollführt ein Wunder. Es lässt den Kommunismus aus dem Grab, in dem er von den Russen begraben wurde, wieder aufer stehen." - Jayaprakash Narayan, Indischer Marxist

Die Herausbildung der sogenannten Selbstverwaltung in Jugoslawien war eine Folge des Bruchs zwischen Tito und Stalin. Bis 1948 hatte Jugoslawien ein System, das dem in der UdSSR sehr ähnelte. Die jugoslawische KP zeichnete sich bis dahin durch eine uneingeschränkte Loyalität zu Stalin aus. Doch Tito war ohne Unterstützung der Roten Armee an die Macht gekommen. Seine Position verdankte er seiner Führungsrolle in der bewaffneten Widerstandsbewegung gegen die Nazis. Er verfügte dadurch über eine eigene Machtbasis, und das führte zu einer Reihe von Konflikten mit Stalin und der sowjetischen Bürokratie. Nach dem Bruch zwischen Tito und Stalin stellte die jugoslawische Führung plötzlich fest, dass die Sowjetunion zu einem „staatskapitalistischen System" degeneriert sei.

Aus einem Versuch heraus, den Bruch mit Stalin theoretisch rechtfertigen zu wollen, argumentierte die jugoslawische KP nun, dass staatliches Eigentum nicht viel mehr als eine Voraussetzung für den Sozialismus darstellt – was auch stimmt. Sie bezog den Standpunkt, dass für den Aufbau des Sozialismus auch sozialistische Produktionsverhältnisse entwickelt werden müssten – womit wir ebenfalls übereinstimmen. Im Mittelpunkt ihrer Kritik stand die Zentralisierung der Wirtschaft in der UdSSR. In Wirklichkeit lag das Problem dort aber weniger in der Zentralisierung als vielmehr im Fehlen einer Arbeiterkontrolle. Marktreformen wurden nun in Jugoslawien als Mittel zur Ankurbelung der schwachen Wirtschaft propagiert, und andere Handelspartner sollten die Unterstützung seitens der UdSSR, die nun wegfiel, ersetzen (der Handel mit der UdSSR und den Ostblockstaaten machte 50% der jugoslawischen Importe und Exporte aus. 1950 ging dieser Anteil auf 0% des Gesamthandels zurück).

Die potentiellen Vorteile der Arbeiterselbstverwaltung wurden von den

MarxistInnen schon vor langer Zeit formuliert:

1. Befreit von der kapitalistischen Ausbeutung gewinnt eine Tendenz zur Kooperation der ArbeiterInnen untereinander die Oberhand. Sie wollen ihre Arbeit gut machen und sind stolz auf ihr Produkt.

2. Die ArbeiterInnen werden ihr Wissen und Know-How, das sie aber nicht in den Dienst ihrer Chefs zu stellen bereit sind, nun zur Verbesserung der Produktion und für zukünftige Innovationen einsetzen.

3. Es fallen die Kosten für Aufseher und Kontrolleure weg, deren wichtigste Aufgabe darin liegt, die anderen Beschäftigten anzutreiben.

1950 führte Jugoslawien ein neues Gesetz über die Arbeiterselbstverwaltung ein. Diese Form der Dezentralisierung sollte den Beginn für das Absterben des Staates markieren. In Wirklichkeit verblieb aber die reale wirtschaftliche Macht in den Händen der staatlichen Bürokratie. Der erste Fünfjahresplan (1947-52) verfehlte seine Ziele. Die Qualität der Produkte war schlecht, ab 1949 begann die Arbeitsproduktivität zu sinken. Die jugoslawische Bürokratie suchte nach einem Ausweg aus dieser Krise. Mangels einer echten Arbeiterkontrolle als Mittel zur Kontrolle der Qualität der Produktion sah die KPJ die einzige Möglichkeit darin, verstärkt auf „Marktmechanismen" zu setzen. Boris Kidric, ein Vertreter der damaligen jugoslawischen Führung, brachte es folgendermaßen auf den Punkt: „Unabhängig von unseren Träumen existieren objektive ökonomische Gesetze, daher ist ein administratives und bürokratisches Handeln gegen deren Existenz konterproduktiv." Dieser Schritt sollte aber neue Widersprüche schaffen. Die KPJ versuchte in der Folge die Quadratur des Kreises, indem sie den Markt öffnete und gleichzeitig eine zentralistische Kontrolle aufrechterhalten wollte.

Die Unternehmen waren im Staatsbesitz und wurden aber offiziell in den Verantwortungsbereich der ArbeiterInnen übertragen, welche die Verwaltung durch Arbeiterräte oder Selbstverwaltungskomitees ausübten. Dabei darf aber bei der Bewertung dieser Selbstverwaltungskomitees nicht vergessen werden, dass sie im Rahmen einer Marktwirtschaft wirkten und national wie auch international auf den Märkten bestehen mussten. Wie es Che Guevara nach seinem Besuch in Jugoslawien beschrieb: „…dieser Wettbewerb zwischen den Unternehmen könnte Faktoren ins Spiel bringen, die den sozialistischen Geist, wie er sein sollte, verzerren." Diese Unternehmen konkurrierten untereinander, machten eigenständig Werbung und machten alles, um ihre Profite zu steigern. Dieses Profitstreben führte natürlich zu einer Herrschaft der ManagerInnen und SpezialistInnen über die ArbeiterInnen.

Das Management der Unternehmen ging in die Verantwortung der Arbeiterräte des jeweiligen Unternehmens über, die staatlichen Ministerien wurden weitgehend draußen gehalten. Das Lohnniveau wurde zentral bestimmt, aber durch Bonussysteme in den einzelnen Betrieben ergänzt, wobei die Löhne an die Gewinnentwicklung der Unternehmen gebunden wurden. Das war aber alles nur auf dem Papier so. Die Selbstverwaltungskomitees wurden vom Management kontrolliert, die wiederum eng mit den staatlichen Ministerien und der Bürokratie im allgemeinen verbunden waren. Diese Komitees wurden strikt der Kontrolle durch die Partei und die Gewerkschaften unterworfen. ManagerInnen wurden meist auf der Grundlage politischer Loyalitäten gegenüber Ministern ernannt und erhielten natürlich Gehälter, die weit höher waren als die Löhne der ArbeiterInnen, die sie kommandierten.

Ein weiterer wichtiger Aspekt, den man nicht vergessen sollte, ist, dass die Unternehmen nun besteuert wurden, und diese Finanzmittel wurden vom Staat für neue Investitionen und die Schaffung neuer Unternehmen herangezogen. Diese neuen Unternehmen wurden schnell wieder in die Obhut der „Arbeiterräte" entlassen. Die Profite dieser Betriebe wurden nicht vom Staat umverteilt sondern verblieben im Unternehmen.

Es ist also wichtig für das Verständnis des jugoslawischen Selbstverwaltungsmodells, dass die ArbeiterInnen nur eine formale Kontrolle über die Betriebe hatten. Selbstverwaltung hieß, dass die ArbeiterInnen frei ihre eigenen Produktions- und Marketingentscheidungen treffen konnten. In letzter Instanz kontrollierte aber die Bürokratie weiterhin die Ökonomie und die Unternehmen unter Arbeiterselbstverwaltung. Der Staat hatte die Macht die Fabriksdirektoren zu ernennen und das letzte Wort bei der Allokation der Finanzmittel an die einzelnen Unternehmen. Die Produktion boomte zwar, die staatliche Investitionskontrolle führte aber dazu, dass ineffiziente Unternehmen durch staatliche Finanzspritzen weiter am Leben erhalten wurden. Dies galt vor allem für Betriebe, die für die staatliche Bürokratie von großem politischem Interesse waren.

Dieses System verzeichnete eine gewisse Zeit lang Erfolge. Jugoslawien verbuchte das schnellste Wirtschaftswachstum in der Welt der 1950er Jahre. 1957 aber verlangte der Kongress der Arbeiterräte (das erste und letzte Treffen dieser Art) mehr Macht. Wichtig zu verstehen ist dabei, dass es sich bei den Arbeiterräten in Wirklichkeit um bürokratische Strukturen unter der Kontrolle der ManagerInnen und SpezialistInnen im Unternehmen handelte, in denen die ArbeiterInnen wenig zu sagen hatten. Sie forderten, dass die staatlichen Regulierungen und die Steuern gelockert werden sollten. Diese Unternehmen wollten schlicht und ergreifend, dass ihnen mehr Geld überbleibt, dass sie wieder investieren können, ohne dass ihnen der Staat dazwischen redet.

Die Selbstverwaltungskomitees wurden sich zusehends ihrer eigenen Interessen bewusst und stellten sie den Interessen der staatlichen Bürokratie entgegen. Man argumentierte, dass es sich dabei um einen Schritt weg vom „Staatskapitalismus" hin Richtung Sozialismus handle. In Wirklichkeit ging es um die Einführung marktwirtschaftlicher Elemente und einer Bewegung zur kapitalistischen Restauration, oder genauer gesagt, es wurde einer Transition zum Kapitalismus der Weg geebnet. In einem gesunden Arbeiterstaat, unter den Bedingungen der Isolation, wäre es nicht falsch in begrenztem Ausmaß Marktreformen zu machen, so wie dies die Bolschewiki mit der Neuen Ökonomischen Politik (NEP) machten. Marktreformen sollten dahingehend wirken, dass die Unregelmäßigkeiten und Ineffizienzen in der Ökonomie gelöst und die Produktion (speziell in der Landwirtschaft) angekurbelt werden kann. In Jugoslawien mit seinem bürokratischen Plan, wo Ineffizienzen und niedrige Produktivität offensichtlich waren, wäre das vor allem nach dem Bruch mit der UdSSR auch nötig gewesen. Im Stalinismus entwickeln Marktreformen aber eine eigene Logik, wie wir in Jugoslawien später noch sehen sollten bzw. was wir in China heute sehen. Der Markt wurde nicht zur Entwicklung des staatlichen Sektors und der Planwirtschaft genutzt, sondern der Staatssektor und der Plan speisten letztlich den Markt. Es wurden damit auch die Bedingungen geschaffen, unter denen die BürokratInnen und ManagerInnen an einer Legitimierung und Formalisierung ihrer Macht interessiert waren, indem sie selbst zu KapitalistInnen werden würden.

Das starke Wirtschaftswachstum der 1950er Jahre war aber nicht von Dauer. Infolgedessen wurden die von den Arbeiterräten vorgeschlagenen Reformen umgesetzt. Das erhöhte die Macht der ManagerInnen und stellte eine deutliche Hinwendung zum Markt dar. 1962 wurde angesichts der ökonomischen Krise der Dritte Wirtschaftsplan schon nach einem Jahr Laufzeit aufgegeben. Die Industrieproduktion sank auf die Hälfte des Niveaus des Jahres 1960, die Importe nahmen zu, die Exportwirtschaft brach ein, und es kam zu einer Explosion der Inflation.

Die staatliche Bürokratie antwortete darauf mit der Einführung von noch mehr marktwirtschaftlichen Elementen. Der Staat versuchte die Wettbewerbsfähigkeit der jugoslawischen Betriebe auf dem Weltmarkt zu verbessern, das staatliche Außenhandelsmonopol wurde beseitigt und die Währung konvertibel. Die jugoslawische Bürokratie argumentierte, dass die ArbeiterInnen nur dann die Kontrolle über die Ökonomie ausüben würden, wenn sie mittels der Arbeiterräte die Schlüsselentscheidungen über Investitionen träfen. Arbeiterdemokratie und das Mitbestimmen der ArbeiterInnen bei wichtigen Entscheidungen wurden vermischt mit der Idee einer zunehmenden Unabhängigkeit der einzelnen Unternehmen in allen Fragen. Dadurch wurde eine fatale Illusion geschürt. Man stellte es so dar, als würde eine zentrale Planwirtschaft im offenen Widerspruch zur Mitbestimmung der ArbeiterInnen stehen.

Und hier stellt sich die Frage: kann die Arbeiterklasse die Macht in der

Gesellschaft ausüben, wenn sie atomisiert ist, weil die einzelnen Unternehmen und Firmen die Investitionen und alles andere kontrollieren, oder wenn die Klasse als Ganzes durch den Arbeiterstaat die Kontrolle über die Ökonomie ausübt? Die Antwort gibt sich wohl von selbst. Sozialismus bedeutet die zentralisierte, demokratische Kontrolle über die gesamte Ökonomie durch die Arbeiterklasse. Das Ziel ist die Entwicklung der Ökonomie in ihrer Gesamtheit und die Befriedigung der Bedürfnisse der gesamten Arbeiterklasse – nicht nur die Sicherstellung der Interessen einzelner Unternehmen oder Industrien. Das Problem in Jugoslawien war nicht so sehr, dass die Macht über die Fabriken den Selbstverwaltungskomitees anvertraut wurde. Im Gegenteil, das wäre ein sehr progressiver und demokratischer Schritt vorwärts gewesen, solange die Wirtschaft durch einen zentralisierten demokratischen Plan unter der Kontrolle der Arbeiterklasse und unter einem genuinen Arbeiterstaat organisiert gewesen wäre. Die Kontrolle über die Wirtschaft war aber völlig dezentralisiert. Das Streben nach Profit und den eigenen Interessen durch die einzelnen Firmen resultierte letztlich in der Kontrolle der ManagerInnen und SpezialistInnen über die Selbstverwaltungskomitees.

Das Ergebnis dieser Reformen war vorhersehbar. Die Disparitäten zwischen den einzelnen Firmen in ein und derselben Industrie, zwischen verschiedenen Industrien, zwischen Stadt und Land und zwischen den Regionen nahmen in den 1960ern stark zu. Slowenien verbuchte in der zweiten Hälfte der 1960er Jahre ein Enkommensniveau, das sechsmal so hoch war wie jenes im Kosovo. Die Reichen wurden reicher, und der Einfluss der ArbeiterInnen ging im Vergleich zu jenem der SpezialistInnen immer mehr zurück. Die Differenz zwischen dem Verdienst des Managements und dem der normalen ArbeiterInnen erreichte in manchen Fällen das Verhältnis 1:20!

Ein weiterer wichtiger Schritt Richtung Kapitalismus war die Demontage der staatlichen Investitionspolitik und der staatlichen Zentralbank. Die akkumulierten staatlichen Investitionsfonds wurden aufgelöst und in selbstverwaltete Banken investiert, die dann mit dem Geld auf einer profitorientierten Basis den Unternehmen Kredite gewährten.

All diese Maßnahmen führten in den späten 1960ern und frühen 1970ern zu einer regelrechten Rebellion gegen die Marktwirtschaft, gegen die wachsende soziale Ungleichheit und die zunehmende Macht der Banken und ManagerInnen. An der Spitze dieser Bewegung standen vor allem StudentInnen und Jugendliche sowie die Menschen in den ärmeren Regionen.

1974 gab man den „Marktsozialismus" angesichts massiver Arbeitskämpfe, die in einer siebentägigen Besetzung der Universität Belgrad unter dem Motto „Nieder mit der roten Bourgeoisie" gipfelte, wieder auf. Planwirtschaftliche Elemente wurden wieder verstärkt, doch es war weder das bürokratische Modell der Sowjetunion noch eine genuin demokratische Planung. Die einzelnen Firmen verhandelten vielmehr 5-Jahres-Investitions"abkommen" mit dem Staat aus.

Wenn man sich die Geschichte Jugoslawiens nach 1945 anschaut, dann ziehen sich die Widersprüche zwischen zentralisierenden und dezentralisierenden Elementen einerseits und zwischen der Managerkaste und der Kaste der staatlichen Bürokratie andererseits wie ein roter Faden durch. Der Stalinismus scheiterte in Jugoslawien im Grunde an der Lösung der regionalen Disparitäten. Als man in den 1950er Jahren auf Dezentralisierung setzte und Marktreformen eingeführt wurden, war das ein Sieg der verschiedenen nationalen Bürokratien. Deren nationalbornierte Engstirnigkeit resultierte darin, dass sie in erster Linie ein Interesse verfolgten: die Entwicklung ihrer eigenen nationalen Ökonomien. Damit einher ging eine weitere Machtakkumulation in den Händen der ManagerInnen. Als der Zentralstaat in den 1970ern den Versuch unternahm, Maßnahmen zur Zentralisierung der Wirtschaft einzuführen, stieß dies (speziell in Slowenien und Kroatien) auf den Widerstand der regionalen Bürokratien und ManagerInnen. Es handelte sich dabei um einen Kampf zwischen verschiedenen Teilen der Bürokratie, die unterschiedliche Interessen repräsentierten. Auf der einen Seite machten die nationalen bürokratischen Cliquen und die Mangerkaste Druck in Richtung einer weiteren Dezentralisierung zur Absicherung ihrer eigenen Interessen und Machtpositionen, während auf der anderen Seite die Staatsbürokratie in Richtung einer verstärkten Zentralisierung wirkte, weil sie sich durch die Marktreformen in ihrer Macht bedroht sah. Das Aufgeben des „Marktsozialismus" war ihr Versuch die Kontrolle über die Managerkaste und die regionalen bürokratischen Cliquen wieder sicherzustellen.

Das jugoslawische Modell der Selbstverwaltung war durch eine Reihe von Problemen gekennzeichnet. Diese zeitigten verheerende Folgen, was schlussendlich zum Auseinanderbrechen des Landes führte. Da jedes einzelne Unternehmen auf dem Markt konkurrierte, verfolgten die selbstverwalteten Firmen ihre eigenen Interessen. Die ArbeiterInnen waren interessiert am Maximieren der Profite des Unternehmens, damit ein Teil des Profits (der Teil, der nicht für weitere Investitionen vorgesehen war) für die Steigerung der Einkommen der ArbeiterInnen verwendet werden konnte. Dadurch aber verlagerte sich die ganze Macht im Unternehmen von den Selbstverwaltungskomitees zu den ManagerInnen und SpezialistInnen. Das gleiche Problem existiert heute in Venezuela und dem dortigen Mitverwaltungsmodell. Die dortigen Genossenschaften stehen, nachdem sie in einer kapitalistischen Ökonomie operieren, unter dem Druck die Profite maximieren zu müssen. Das generiert Widersprüche im Unternehmen und schafft eine Tendenz dahingehend, dass die Kontrolle eher in den Händen des Managements als in jenen der Arbeiterkomitees liegt. Das Streben nach Profit stellt die Unternehmen in Konkurrenz zueinander, führt zu einer Konkurrenzsituation zwischen den einzelnen Belegschaften und verstärkt auch die interne Differenzierung in den einzelnen Betrieben, wo das Management und die SpezialistInnen ihre Machtposition auszuweiten versuchen, um Zugang zu den Profiten zu bekommen. Das ist genau der Grund, warum es unerlässlich ist, dass die nationalisierten Industrien in einem demokratischen Plan zusammengefasst werden, und warum es so wichtig ist, dass alle Industrien unter die Kontrolle der dort beschäftigten Belegschaften, der Gewerkschaften und des Staates gestellt werden.

Wenn ein Unternehmen die Löhne anhob, dann hatte es aber weniger Geld für Investitionen, was wiederum einer Wachstumsstrategie zuwiderlief, was sich erst recht negativ auf die Löhne auswirkte. Infolgedessen nahmen sie bei den selbstverwalteten Banken Kredite auf, verschuldeten sich schwer, was die Inflation antrieb.

Dazu kam das Problem der Arbeitlosigkeit. Im allgemeinen haben die selbstverwalteten Betriebe niemanden entlassen. Doch sie haben auch nicht sehr viele Arbeitsplätze geschaffen. Warum? Weil das Einkommen der ArbeiterInnen unmittelbar an die Profite gebunden waren. Je mehr ArbeiterInnen eingestellt wurden, desto weniger Lohn würde jeder erhalten. Das führte dazu, dass sich immer mehr arme Menschen aus ländlichen Gebieten gezwungen sahen, als GastarbeiterInnen nach Westeuropa zu gehen. 1971 lag die Arbeitslosenrate in Jugoslawien bei 7%, doch unglaubliche 20% der Erwerbsbevölkerung arbeiteten im Ausland.

Ein weiteres zentrales Problem lag in der Atomisierung der Arbeiterklasse. Die jugoslawische Führung behauptete, dass ihr Modell der Selbstverwaltung zur Entwicklung einer sozialistischen Produktionsweise führen würde. Wenn aber sozialistische Produktionsverhältnisse das Ziel sind, dann können Investitionsentscheidungen nicht den einzelnen Unternehmen überlassen werden, weil diese keinen Überblick über die Bedürfnisse der Gesellschaft oder der Ökonomie als Gesamtes erlangen können. Wiederum waren die Interessen der einzelnen Firmen und nicht die der Arbeiterklasse das bestimmende Element. In der Realität wurden die Interessen der ArbeiterInnen den Interessen der Firmen untergeordnet. Letztere waren ganz einfach an einer Steigerung der Profite interessiert. Nachdem das Verhältnis der Löhne zu den Profiten fixiert war, konnten die Löhne nur erhöht werden, wenn auch die Profite stiegen, was aber wiederum eine erhöhte Ausbeutung der Arbeiterklasse bedeuten musste. Dazu kam, dass die ArbeiterInnen auf Schritt und Tritt erleben mussten, dass in Sachen Arbeiterselbstverwaltung zwischen Anspruch und Realität eine riesengroße Kluft herrschte. Das führte zu Demoralisierung und Desinteresse von Seiten der Arbeiterklasse, was sich in den 1970ern im Ansteigen von systematischem Blaumachen ausdrückte.

Dieses System glich mehr der Anarchie des kapitalistischen Marktes als der

Harmonie einer sozialistischen Produktionsweise. Verschwendung und Zweigleisigkeiten als Folge der Konkurrenzsituation zwischen den Bürokratien in den verschiedenen Republiken gehörten zur alltäglichen Praxis. Die jugoslawische Bürokratie gab in dieser Phase auch das staatliche Außenhandelsmonopol auf, womit die einzelnen jugoslawischen Unternehmen direkt auf den internationalen Märkten aktiv werden konnten. Das wiederum führte zur direkten Intervention des Imperialismus in der jugoslawischen Ökonomie, ohne dass es eine zentrale Kontroll- oder Aufsichtsinstanz gegeben hätte.

In den 1970ern nahmen sich die selbstverwalteten Betriebe bei westlichen Banken in großem Maßstab Kredite auf. Die dem zugrunde liegende Überlegung war, dass mit dieser teilweise sehr exzessiven Verschuldung in die Expansion und Modernisierung der einzelnen Firmen investiert würde, in der Hoffnung, dass man damit die Exporte nach Westeuropa ankurbeln und in der Folge die Kredite zurückzahlen könne. Die internationale Rezession im Jahr 1979 erschütterte diese Perspektive massiv. Für die einzelnen Firmen wurde es immer schwieriger die Kredite zurückzuzahlen. Nachdem es auch kein staatliches Außenhandelsmonopol gab, war auch das tatsächliche Ausmaß der Auslandsschuld nicht bekannt. Im Endeffekt musste aber Jugoslawien als Nation diese Schulden übernehmen. Der Lebensstandard sank nun immer offensichtlicher. Zwischen 1982 und 1989 um 40%. Die Inflation erreichte unvorstellbare Höhen – 1987 lag die Inflationsrate bei 150%, 1989 bei 1950%.

1988 hatte Jugoslawien die höchste Pro-Kopf-Verschuldung in ganz Europa, die Gesamtverschuldung belief sich auf 20 Mrd. US-$. Zwischen 1984 und 1988 hatte Jugoslawien 14 Mrd. US-$ an Zinsrückzahlungen zu leisten, was die Ökonomie natürlich schwer belastete.

In den 1980ern bestand der IWF auf strengen Kriterien für die Gewährung neuer Kredite. Diese Strukturanpassungsprogramme bedeuteten, dass Jugoslawien seinen „sozialen Sektor" abspecken musste. Der IWF erzwang die Umwandlung der selbstverwalteten Banken und Betriebe in Unternehmen mit einer klaren Eigentümerstruktur, d.h. in kapitalistische

Unternehmen.

Es ist wichtig zu unterstreichen, dass all dies eine direkte Folge der Politik des „Marktsozialismus" war und den Weg für das brutale Auseinanderbrechen Jugoslawiens bereitete. In der Tat war es nur ein kleiner Schritt von der Umwandlung der selbstverwalteten Betriebe und Banken in privatkapitalistische Unternehmen. Die ManagerInnen der sogenannten selbstverwalteten Betriebe eigneten sich die Unternehmen an und streiften nun nicht nur höhere Gehälter sondern auch den Profit ein.

Die Wirtschaftskrise, die Jugoslawien in den 1980ern durchmachen musste, führte direkt zu einer politischen Krise. Die herrschenden bürokratischen Cliquen in den verschiedenen Republiken gaben sich gegenseitig die Schuld an der Misere. Angesichts der Möglichkeit einer genuinen proletarischen Revolution suchten sie im Nationalismus einen Ausweg zur Erhaltung ihrer eigenen Machtposition. Das Ergebnis dieser Entwicklung kennen wir.

Was sind die Lehren der jugoslawischen Erfahrung? Es scheint offensichtlich, dass ein staatliches Eigentum über die Kommandohöhen der Wirtschaft und ein Staatsmonopol auf den Außenhandel notwendig ist. Der Staat stirbt aber nicht einfach dadurch ab, indem man die nationalisierten Industrien und Unternehmen den ArbeiterInnen und den ManagerInnen übergibt und diese zu AktionärInnen macht. In Jugoslawien, wo die ManagerInnen die Selbstverwaltungskomitees kontrollierten, führte dies schlicht und ergreifend zur Atomisierung der Arbeiterklasse. Die ArbeiterInnen zu den Eigentümern der einzelnen Betriebe zu machen, ist noch lange kein vergesellschaftetes Eigentum: die Selbstverwaltungskomitees (unter der Kontrolle der ManagerInnen) funktionierten wie private Eigentümer und dies ebnete der vollständigen Restauration des Kapitalismus den Weg. Der Schlüssel zur sozialistischen Umwälzung und dem Absterben des Staates wäre in einem deformierten Arbeiterstaat die Einführung einer genuinen Arbeiterdemokratie gewesen. Sozialismus kann sich nicht darauf beschränken einfach die Interessen der ArbeiterInnen in lokalen, einzelnen Unternehmen sicherzustellen. Im Sozialismus geht es um die Interessen der Arbeiterklasse, der Wirtschaft, der

Gesellschaft als Gesamtes. Deshalb braucht es ein staatliches Eigentum der Produktionsmittel. Staatseigentum ist ein Mittel zur Verteidigung des vergesellschafteten Charakters der Ökonomie, für sich allein genommen bedeutet es aber noch nicht gesellschaftliches Eigentum. Eine nationalisierte Ökonomie, die durch einen demokratischen Plan zentralisiert wird, in der jede Fabrik eine Unternehmensleitung hat, die sich zum Beispiel zu 1/3 aus BelegschaftsvertreterInnen, zu einem 1/3 aus GewerkschaftsvertreterInnen und zu einem 1/3 aus staatlichen VertreterInnen (oder so ähnlich) zusammensetzt, würde die Interessen der Klasse in ihrer Gesamtheit verteidigen. Unter diesen Umständen wäre es möglich, die Bedürfnisse der Ökonomie und der Gesellschaft in ihrer Gesamtheit zu berücksichtigen, was für die atomisierten Selbstverwaltungskomitee unmöglich wäre. Auf dieser Grundlage ließe sich die Produktivität enorm steigern, und das Potential der Ökonomie, die nun von den Zwangsjacken des Privateigentums und des Nationalstaates befreit wäre, könnte sich voll entfalten. Die Ungleichheiten in der Gesellschaft könnten überwunden werden, sodass aus dem Staatseigentum tatsächlich ein gesellschaftliches Eigentum werden könnte.

Eine weitere wichtige Lehre aus der jugoslawischen Erfahrung ist die Bedeutung einer internationalistischen Perspektive. Das Auseinanderbrechen der Sowjetunion und der Kollaps des Ostblocks war ein Resultat der nationalbornierten Engstirnigkeit der herrschenden Bürokratie in jedem Land. Jeder versuchte nach seinen eigenen Interessen diese rückständigen Ökonomien zu organisieren. Auf der Grundlage einer genuin bolschewistischen und internationalistischen Politik wäre es möglich gewesen die unterschiedlichen nationalen Volkswirtschaften zu integrieren und eine demokratische Planwirtschaft, welche den Einsatz der natürlichen Ressourcen und die Arbeitskraft aller Länder von Havanna bis Peking organisiert. Dadurch wäre aber eine enorme Entwicklung der Produktivkräfte in diesen Ländern ausgelöst worden, was wiederum eine sozialistische Entwicklung der Ökonomie begünstigt und zur Herausbildung sozialistischer Produktionsverhältnisse und eines wirklich vergesellschafteten Eigentums an den Produktionsmitteln begünstigt hätte.

Heinz Dieterich –
Brandstifter oder Biedermann?

Damals, 1968, war er noch verblendet. Da wollte er den Himmel stürmen, und ist doch nur vom ach so „verbürgerlichten" Proletariat bitter enttäuscht worden, dass mit der maoistischen Heilslehre nichts anzufangen wusste. Heinz Dieterich1 teilt das Schicksal so mancher Alt-Linker, bei denen sich die einstige Anhimmlung des „Proletariats" in Skepsis gegenüber dem Marxismus gewandelt hat. Heute, mit der halbverdauten Lebenserfahrung einer gescheiterten Revolte, sieht er die Dinge etwas nüchterner und sucht einen „undogmatischen" Übergang zur „postkapitalistischen" Gesellschaft.

Die Bolivarische Revolution ist so etwas wie Dieterichs zweiter Frühling, hat er sich doch zum Berater von Venezuelas Präsident Hugo Chávez aufschwingen können. Doch kann sich dieser Aufstieg kaum aus der Kraft seiner Ideen erklären. Auch sein unnötig komplizierter Soziologenjargon ist alles andere als dazu angetan, die revolutionären Massen zu begeistern. Sein Einfluss hat eher etwas mit der Eigentümlichkeit der venezolanischen Revolution zu tun: Der revolutionäre Aufschwung der Massenbewegung, noch angestachelt durch die innere und äußere Reaktion, ging einher mit einem Vakuum auf der Linken. Ohne ein durchdachtes revolutionäres Programm, ohne revolutionäre Kader, die es systematisch in die Massenbewegung hineingetragen hätten, ging die Revolution dennoch vorwärts. Gerade als die ArbeiterInnenklasse in den Anfangsstadien der Revolution noch keine eigenständige Rolle spielte, konnten andere IdeologInnen dieses Vakuum umso leichter auffüllen. Der tatsächlichen Unreife der Revolution entsprach die theoretische Unreife des Heinz Dieterich. Er verlieh der Hoffnung Ausdruck, dass die Bolivarische Revolution mit ihren demokratischen Reformen vorwärtsgehen könne, ohne mit dem Kapitalismus zu brechen. Heute, wo in den Betrieben Venezuelas die Losung der Verstaatlichung unter Arbeiterkontrolle auf der Tagesordnung steht, sind seine Theorien wirklichkeitsfremder denn je.

Dieterich ist der Theoretiker des nationalen Kleinbürgertums. Seine

Psychologie ist die menschgewordene Psychologie seiner Klasse. Die kleinen ProduzentInnen und HändlerInnen haben die Mechanismen des Kapitalismus am eigenen Leib zu spüren bekommen. Sie lehnen instinktiv den Großkapitalismus ab, können aber aus ihrer eigenen gesellschaftlichen Position heraus keine konkreten Lösungen ihrer Probleme finden. Deshalb fühlen sie sich umso mehr zu den abstrakten Formeln der „Gerechtigkeit" und der „Demokratie" hingezogen. Dieterichs Konzept des „Sozialismus des 21. Jahrhunderts", das wir in diesem Beitrag durchleuchten wollen, theoretisiert die unbewussten Bedürfnisse, Vorurteile und Ängste des Kleinbürgers. Hin- und hergerissen von den Verheißungen der Revolution und den Abgründen der Konterrevolution, träumt Dieterich in einem Moment von einer „gerechten Gesellschaft" jenseits des Profitstrebens, um im nächsten allen Mut zu verlieren und die Revolution für tot zu erklären. Das Zaudern ist sein erster Wesenszug. Aus Angst vor der Entfremdung der landbesitzenden Oligarchie riet er im Jahre 2001 davon ab, das Landgesetz zu beschließen. Im Jahre 2002 gab er dem Druck der Konterrevolution nach und sprach sich für Neuwahlen aus. Am 13. April 2002, als die revolutionäre Massenbewegung gerade den Putsch besiegte, veröffentlichte er einen vorzeitigen Nachruf auf die Revolution, in dem er der Revolution das Fehlen der richtigen „politischen Software" bescheinigte. Zumindest in bezug auf sich selbst sollte er Recht behalten!

Seine Geringschätzung der konkreten Formen der revolutionären Selbstorganisation wie der Cogestión (die er mit dem deutschen „Mitbestimmungsmodell" gleichsetzt) findet ihren notwendigen Widerpart in der abstrakten Formel von der „partizipativen Demokratie". Dem Kampf für Verstaatlichung unter ArbeiterInnenkontrolle stellt er das Konzept der Äquivalenzökonomie gegenüber, welches das Kunststück vollbringen soll, den Kapitalismus zu überwinden, ohne die Eigentumsrechte anzutasten.

Heinz Dieterich besitzt die seltsame Gabe, seine reformistischen Vorstellungen durch halbverstandene naturwissenschaftliche Analogien so viel „wissenschaftlichen" Anstrich zu geben, dass er einen nicht unbeträchtlichen Teil gerade des „intellektuellen" Publikums zu verwirren vermag. Wie Goethe es einst ausdrückte: „Denn eben wo Begriffe fehlen / Da stellt ein Wort zur rechten Zeit sich ein." Mit der Miene des Gelehrten erklärt er dem eingeschüchterten Publikum, dass sich seine Theorie zum Marxismus verhalte, wie die Quantenphysik zur Newton'schen Mechanik. An diesem Maßstab wollen wir ihn messen!

Das „Neue Historische Projekt"

Die ganze bisherige Menschheitsgeschichte zerfällt für Dieterich, der sich dabei auf Arno Peters2 beruft, in nur drei große Abschnitte: Zunächst der Urzustand der „Äquivalenzökonomie", wie sie bis zur Sesshaftwerdung und der Produktion eines regelmäßigen Mehrprodukts bestand. Hier bestanden weder Ausbeutung noch Unterdrückung. Nach seiner Vorstellung tauschten sich Gebrauchwerte, in denen gleich viel Wert enthalten war (=äquivalent) gegeneinander aus.

Darauf folgt der Sündenfall: Die Produktion von Mehrprodukt lässt die Gesellschaft in Ausgebeutete und Ausbeuter zerfallen – die Ära der Chrematistik (der Bereicherung) hat begonnen. Das Kriterium dabei: „Ungerechte", weil nicht-äquivalente Aufteilung des Mehrprodukts. Alle Gesellschaften sind seither „von einem Grundzug geprägt": „vom Streben nach Reichtum und Macht, wie es der Durchbruch von Handel, Krieg und Raub beim Übergang von der Lokal-Ökonomie zur National-Ökonomie in die Welt gebracht hatte."

Endlich die Synthese, für die er viele „wissenschaftliche" Begriffe erfindet: „Global-Ökonomie", „Äquivalenz-Ökonomie", „Neues Historisches Projekt (NHP)", „Sozialismus des 21. Jahrhunderts". Auf Punkt und Beistrich wird jedes Mitglied der Gesellschaft seine Arbeit vergolten bekommen – eine Stunde Arbeit gegen eine andere Stunde – „gerecht" getauscht eben. In der „Partizipativen Demokratie" erfüllt sich für das „kritisch-ethisch-ästhetische Subjekt" schließlich sein ewiges Streben nach universeller Demokratie.

Die Dieterichsche Weltsicht bewegt sich innerhalb des Widerspruchs, sozialistische Heilsvorstellungen mit den „guten Seiten" der bürgerlichen Ideologie und Ökonomie auszusöhnen. Das verkauft er dann als Sozialismus.

Er erkennt, dass das Bürgertum seine historische Rolle nicht mehr spielen will. Mehr noch: Er wirft ihm vor, die eigenen Prinzipien – Freiheit, Gleichheit, Brüderlichkeit – verraten zu haben. Er entdeckt die Schriften der bürgerlichen klassischen Ökonomen (Adam Smith, David Ricardo) neu und zieht daraus utopisch-sozialistische Schlüsse. Das ist durchaus nichts Neues. Viele kleinbürgerliche SozialistInnen des 19. Jahrhunderts hatten die Werttheorie der Klassiker nach ihren Gerechtigkeitsvorstellungen ausgelegt. Ihnen allen war gemein, dass sie die Quelle der Ausbeutung in der Sphäre des Austausches suchten, nicht aber in der Produktion. Der Marxismus entwickelte sich gerade auch in der Auseinandersetzung mit diesen Theorien.3

Es ist kein Zufall, dass Dieterich gerade Mao Tse-tung mit wohlwollenden Worten bedenkt. Dieser ist für ihn ein tragischer Held, der seine „idealistischen" Vorstellungen nicht gegen die Übermacht „objektiver Faktoren" durchsetzen konnte. Heute meint er, dass der Schlüssel für die Niederlage des Sozialismus gerade in der „revolutionären Ungeduld" liegt. In der Praxis landet daher unser undogmatischer Sozialist auf dem Standpunkt des Reformismus, kapituliert vor der nationalen Bourgeoisie, und damit letztlich auch vor dem Imperialismus. Er entwirft einen sanften Übergang zum Sozialismus, bei dem die Frage der Eigentumsrechte unwichtig wird, solange nur jedEr nach seiner Arbeitsleistung bezahlt werde.

Planwirtschaft und bürgerliche Verteilungsnormen

In Dieterichs Geisteswelt ringen verschiedene abstrakte Ideen um die Vorherrschaft: Äquivalenz mit Chrematistik, Demokratie mit Despotie, Recht mit Unrecht. Es gelte gleichsam, die höheren Prinzipien gegen die niederen durchzusetzen. Äquivalenz – das bedeutet für Dieterich und Peters den Austausch von Produkten und Dienstleistungen gemäß der in ihnen konkret vergegenständlichten Arbeitszeit. Jeder Mensch würde genau zurückbekommen, was er der Gesellschaft gegeben hat. Würde diese „Regel" nur „wieder" eingehalten, die Unterdrückung des Menschen durch den Menschen wäre aufgehoben. Dieses „Prinzip der ewigen Vernunft", das vom

Kapitalismus so hartnäckig negiert wird, ist aber nichts anderes als der Idealzustand einer Ökonomie von kleinen WarenproduzentInnen. Karl Marx hat im „Kapital" Band I deren Prinzipien in seiner Analyse der „einfachen Warenwirtschaft" enthüllt.

Um aber eine glorreiche Zukunft vorherzusagen, verlangt die Symmetrie der Logik zunächst einmal, dass auch die menschliche Vergangenheit verherrlicht werde. In beiderlei Hinsicht liegt Dieterich falsch. Genauso wenig wie die Äquivalenzwirtschaft eine Zukunft haben wird, so hat sie eine Vergangenheit. Denn solange die Menschen noch keine Waren produzierten, d.h. Produkte für den Markt, wirkte auch das Wertgesetz nicht. In den ersten Formen des menschlichen Zusammenlebens wurden unmittelbar Gebrauchswerte von der Gemeinschaft erzeugt. Die Verteilung des Gesamtprodukts war ganz und gar nicht vom Anteil der individuell geleisteten Arbeit diktiert, sondern von der gemeinschaftlichen Überlebensfähigkeit der gesamten Gruppe. Zu dem Zeitpunkt, als die Stämme miteinander zu handeln begannen, entstand auch die Tauschwertproduktion. Man begann sich schließlich Gedanken zu machen, ob der Handel mit anderen Stämmen gemäß den getauschten Arbeitszeiten einander entspreche. Erst mit der Tauschwertproduktion entstand überhaupt die Vorstellung von „Gerechtigkeit" mit der Arbeitszeit als Kriterium. Doch da war der giftige „Petersapfel" schon vertilgt, und die „Chrematistik" nahm ihren Lauf...

Wenn nun, umgekehrt, in der zukünftigen Gesellschaft die Produktion gemeinschaftlich, nach einem demokratisch erstellten Plan organisiert wird (und auch das gehört zu Dieterichs Vorstellung vom Sozialismus), werden die ProduzentInnen wiederum nicht ihr individuelles Produkt in Form von anderen Produkten, die gleich viel Arbeitszeit verschlungen haben, zurückbekommen können. Denn erstens muss die Gesellschaft einen Teil ihres Gesamtprodukts in die Erneuerung und Erweiterung der Produktionsmittel stecken. Zweitens würde Dieterichs Prinzip der absoluten Gerechtigkeit in letzter Konsequenz zu einem Zustand der „absoluten Ungerechtigkeit" führen, weil nicht arbeitsfähige Personen dann leer ausgehen würden. Nun wollen wir dies unserem „Einstein" der Sozialwissenschaften nicht unterstellen, sondern nur die Inkonsequenz seiner Theorie aufzeigen.

Nun kann es durchaus in der ersten Zeit nach der sozialistischen Revolution notwendig sein, dass die Menschen gemäß ihrem individuellen Arbeitseinsatz entlohnt werden.4 Karl Marx wies darauf hin, dass so etwas ein Zugeständnis an die bürgerliche Vergangenheit wäre – notwendig, weil die Menschen zunächst noch nicht daran gewohnt wären, unmittelbar für die Gemeinschaft zu arbeiten.5 Deshalb würde „Geld" in seiner Verteilungsfunktion für Konsumgüter noch eine Weile im Sozialismus fortbestehen. Durch die fortlaufende Arbeitszeitverkürzung, durch die Aufhebung der Trennung von Kopfarbeit und Handarbeit wird die Arbeit von einer notwendigen Last, die sie heute durchwegs ist, zum Mittel kreativer Selbstverwirklichung. Wer gern etwas zur Gesellschaft beiträgt und weiß, dass seine/ihre Existenz abgesichert ist, der/die verliert das Bedürfnis nach einer „gerechten Entlohnung" gemäß seines/ihres individuellen Arbeitsaufwands, im Gegenteil, es wird ihm/ihr unmoralisch erscheinen, so zu denken. In dem Maße, wie die Erinnerung an Not und Mangel schwindet, verlieren auch heute scheinbar so selbstverständliche Begriffe wie Neid und Gier, und selbst der Begriff der „Verteilungsgerechtigkeit" an Bedeutung. Denn diese „Gerechtigkeit" wird nur von einer Seite her bestimmt: wie viel der/die Einzelne zum Gesamtprodukt an Arbeitsstunden beigetragen hat. Ein älterer oder kranker Mensch kann z.B. nicht mehr Vollzeit arbeiten, will aber dennoch nicht aus dem Arbeitsprozess ausscheiden. Gleichzeitig bedarf dieser Mensch vielleicht viel mehr „Arbeitsstunden", als er der Gesellschaft geben kann. Was Dieterich als gerecht erscheint, ist in der kommunistischen Gesellschaft äußerst „ungerecht". Dort wird sich diese Frage von selbst regeln: „Jeder nach seinen Fähigkeiten, jedem nach seinen Bedürfnissen!"6

Wertbasierte Planwirtschaft – eine Utopie

In Dieterichs Vision hingegen stellt dieses Zugeständnis an die bürgerliche Moral das allgemeine Prinzip der sozialistischen Gesellschaft dar. Mehr noch: Es handelt sich für ihn um die „Restauration" der „untergegangenen" einfachen Warenwirtschaft, die in dieser Form ohnehin nie existierte. Dass die Äquivalenz eine solch zentrale Rolle im Dieterichschen Denken spielt, spiegelt nur wider, dass er die täglichen Erfahrungen der KleinproduzentInnen zu verallgemeinern versucht. Diese sind schutzlos der Anarchie des Marktes ausgeliefert. Für ihn ist der „Preis das, was beim Banküberfall die Pistole ist". Damit spricht er nur aus, dass die Kleinproduktion auf dem Markt systematisch von der Großproduktion und den Handelskartellen enteignet wird. Anstatt aber den Kapitalismus an seiner Wurzel zu packen, anstatt die Vergesellschaftung der großen Konzerne und Banken zu fordern – „begnügt" er sich mit einer bescheideneren Form des Sozialismus, die sogar das Prinzip des Privateigentums unangetastet lassen will. Durch den gerechten Tausch wird die Ausbeutung aufgehoben, auch die UnternehmerInnen könnten entweder gemäß ihrer Arbeitszeit entlohnt werden. Damit aber die KapitalistInnen nicht ins gegnerische Lager gestoßen werden, setzt er nach: Der „aus vergegenständlichter Arbeit in die Güter einfließenden Wertteil" (d.h. in marxistischer Terminologie: das konstante Kapital) darf durchaus Bestandteil des Unternehmereinkommens „bleiben". Bloß: Im Kapitalismus hängt der Unternehmensgewinn von der Ausbeutung der ArbeiterInnenklasse ab. Wie Dieterich von seinem Meister David Ricardo wissen müsste, wird der Wert der abgenutzten Produktionsmittel und Vorprodukte nur aufs Endprodukt übertragen, aber kein neuer Wert hinzugesetzt. Davon kann niemand „bezahlt" werden. Die ganze Argumentation ist nur eine weitere Nebengranate, die die Leserschaft verwirren soll. Die Frage der Eigentumsformen an den Produktionsmitteln hat plötzlich „keine große Bedeutung" mehr. JedEr ProduzentIn, ob groß, ob klein, bekommt einfach den ihm/ihr zustehenden Anteil am Gesamtprodukt – schon ist der Sprung ins Reich der Freiheit getan!

Seine Utopie verbindet zwei gänzlich unvereinbare Elemente: Einerseits das „Äquivalenzprinzip" und andererseits die „demokratische Planwirtschaft". Er ist viel zu sehr im Warenfetisch gefangen, als dass er erkennen könnte, dass in einer Wirtschaft, die unmittelbar Gebrauchswerte herstellt, der Tauschwert keine Rolle mehr spielt. Es wird nicht mehr am Markt getauscht, sondern gemeinschaftlich produziert und konsumiert. Nur in der ersten Phase nach der Revolution wird die Verteilung der Konsumgüter noch eine Weile (zumindest teilweise) über den Markt funktionieren müssen. In den fortgeschrittenen kapitalistischen Ländern mag diese Phase sehr kurz sein oder ganz übersprungen werden. Solange noch Mangel an wichtigen Gütern und Dienstleistungen besteht, lassen sich aber die Gesetze der Preisbildung nicht abschaffen, wie Peters und Dieterich dies vorschwebt: Bei ihnen wird der Preis eines jeden Produkts sozusagen per Dekret auf seinen „Wert" festgelegt.7

So groß ist Dieterichs Hass auf den „Markt", dass er dessen objektive Gesetze nicht anerkennen mag. Unmittelbar nach der Revolution werden aufgrund der bürgerlichen Vergangenheit noch nicht alle Güter und Dienstleistungen gemeinschaftlich verbraucht. Private Hausbauer werden noch immer Ziegel im Baumarkt erwerben wollen. Angenommen, nach Abzug der Ziegelproduktion für gesellschaftliche Bauprojekte ist durch eine Fehlschätzung der privaten Nachfrage das Angebot für Privatzwecke zu gering, die Ziegel würden aber streng zum Dieterichschen „Wert" verkauft. Was würde passieren? Es würde sich ein privater Markt bilden, bei dem mehr „Arbeitsstunden" gegen die knappen Produkte eingetauscht werden würden, als in ihnen vergegenständlicht sind. Die Auswirkungen wären nicht so dramatisch wie unter kapitalistischen Rahmenbedingungen, wo die großen Verteilungsunterschiede des Reichtums sofort die professionelle Spekulation hervorrufen. Will aber die sozialistische Gesellschaft diese Tauschgewinne nicht privaten Individuen überlassen, müsste sie sogar die Produkte zum Marktpreis verkaufen. Alles andere liefe sich auf staatliche Kontrolle und Repression hinaus, die den Markt in den Untergrund treiben.8

Mit der zunehmenden Vergesellschaftung des Konsums (gemeinschaftliche Wohnanlagen, Kinderbetreuung, Restaurants, öffentlicher Verkehr usw.) wird die individuelle Verteilung des Gesamtprodukts unter die Mitglieder der Gesellschaft immer mehr an Bedeutung verlieren. Knappe Ressourcen würden in der Planwirtschaft zunächst den gesellschaftlich wichtigsten Zwecken zur Verfügung gestellt und gar nicht auf den Markt gelangen. Die Arbeiterdemokratie würde verhindern, dass wie im Stalinismus Ressourcen für den Schwarzmarkt abgezweigt werden. Was bleibt, kann für die

Produktion individuell konsumierter Güter verwendet werden, die sich dann jedoch notwendigerweise nach den Regeln von Angebot und Nachfrage verteilen. Wie man es dreht und wendet: Im einen Fall ist der Konsum gemeinschaftlich, d.h. unabhängig von der individuell geleisteten Arbeit. Im anderen regelt er sich nach den Mechanismen des Marktes, da sich Preis und Wert nicht von der Planungsstelle von vornherein gleichsetzen lassen. Die zukünftige „Äquivalenzökonomie" hingegen wird das sein, was schon ihre vorgebliche Vergangenheit war: Eine Fata Morgana.

Allmählicher Übergang zum Sozialismus?

Für Dieterich ist der Begriff des „Sozialismus des 21. Jahrhunderts" ein fernes Endziel. In Europa (die USA hat er schon abgeschrieben?) bestehen zwar schon die technischen Möglichkeiten, aber das erforderliche Bewusstsein fehle. In Lateinamerika hingegen ist aus anderen „objektiven" Gründen der Sozialismus noch Zukunftsmusik:

> In Lateinamerika kann dies (der Übergang zur Partizipativen Demokratie, HL) nur mittelbar erfolgen, da die durch den Neoliberalismus hervorgerufene Zerstörung (!) der objektiven und subjektiven Bedingungen für den Sozialismus zu weit fortgeschritten ist. Die vermittelnde erste Stufe der Transition zum Sozialismus liegt in der Kreation eines Regionalen Lateinamerikanischen Machtblocks wie der venezolanische Präsident Hugo Chávez ihn anstrebt, mit dem neuen Sozialismus als strategischem Horizont des Transformationsprogramms.
> (...)
> Das Vorhergesagte bezieht sich auf den Faktor Zeit, der im Allgemeinen in revolutionären Subjekten unterschätzt wird. Das Leiden an den unhaltbaren Zuständen der Mehrheiten führt dazu eine schnelle Veränderung herbeiführen zu wollen, doch kann damit das Problem objektiver Evolutionszeiten nicht aus der Welt geschafft werden. In China, Kuba und Venezuela kann beispielsweise solange keine

Äquivalenzökonomie aufgebaut werden, als die entsprechende Informationslogistik nicht existiert. Und der eben erst geschlüpfte Vogel, der die sich ihm nähernde Katze sieht, kann nicht deshalb wegfliegen, weil es opportun wäre, sondern erst dann, wenn sein objektives Entwicklungsstadium es ihm erlaubt."9

Es gehört schon eine gehörige Portion Unverschämtheit dazu, die Bolivarische Revolution, die immerhin mehrere Putsch- und Destabilisierungsversuche zurückgeschlagen hat, mit einem schutzlosen Kücken zu vergleichen. Und Dieterichs Rat an den Vogel: Tot stellen. Das kommt allerdings den Absichten der Katze nur entgegen! An die Revolution: Keine Landreform beschließen. Neuwahlen ausrufen. Das Abwahlreferendum abhalten. Den Imperialismus nicht provozieren. Lieber solche Reformschritte machen, die nicht mit den Interessen der nationalen Bourgeoisie zusammenstoßen. Will heißen: Zuerst setzen wir uns für einen staatskapitalistischen Weg der lateinamerikanischen Unabhängigkeit ein, dann sehen wir weiter. Es ist nichts als eine Neuauflage der alten stalinistischen Zwei-Etappen-Theorie, die so diskreditiert ist, dass Dieterich selbst sie explizit ablehnen muss. Durch die Hintertür kommen aber die alten Konzepte wieder herein. Am deutlichsten wird die reaktionäre Seite seiner Theorie am Beispiel des afrikanischen Kontinents:

In Afrika ist die Situation noch extremer, da alle Voraussetzungen für eine partizipative Demokratie fehlen und zunächst einmal die Schaffung funktionierender Nationalstaaten, gesellschaftlicher Kohäsion, getrennter säkularer und metaphysischer (?!) Strukturen, nationaler Identitäten und kompetitiver wirtschaftlicher Subsysteme durchgeführt werden muss.10

Es ist die alte Leier: Sozialistische Maßnahmen sind unangebracht, man muss die Herausbildung einer nationalen Bourgeoisie nach dem Vorbild Europas unterstützen. Wollen wir hoffen, dass Dieterich nie in die Verlegenheit kommt, sich als venezolanischer Außenminister in die

Geschicke Afrikas einzumischen!

Was ist also „objektiv möglich"? Venezuela befindet sich laut Dieterich gerade in der Phase „endogener Entwicklung". In einem Interview in junge Welt erklärt er diesen „staatskapitalistischen Entwicklungsprozess", wie ihn die Europäischen Staaten im 19. Jahrhundert durchlaufen hätten:

> Meiner Ansicht nach kann man heute in Venezuela nur dasselbe machen wie Lenin in der Neuen Ökonomischen Politik. Jeder andere Versuch, unter den gegenwärtigen Bedingungen Schritte zum Sozialismus zu gehen, würde sehr schnell zum Kollaps des Systems führen, weil dafür keine Machtbasis existiert. Der bürgerliche Staat ist nicht zerstört, er hat nur eine andere Regierung bekommen. Die Kirche hat ihren Einfluss nicht verloren. 80 Prozent der Massenmedien sind in den Händen der regierungsfeindlichen Großkonzerne. Es gibt also keine Machtkorrelation, die eine Wiederholung dessen ermöglichen würde, was in Kuba oder in der Sowjetunion gemacht wurde.11

In der Tat, der bürgerliche venezolanische Staat ist nicht zerstört. Die Bürgerlichen sitzen noch an bedeutenden Stellen des Staats und auf den Schaltzentralen der Wirtschaft. Würde man sie enteignen und ihre Betriebe unter ArbeiterInnenkontrolle stellen, würde man die pro-putschistischen Medien schließen, würde man die Besitzungen der Kirche konfiszieren – wie stünde es dann mit der „Machtkorrelation"? Aber so etwas würde doch den Konflikt mit den USA weiter verschärfen! Angesichts des revolutionären Elans der lateinamerikanischen Bevölkerung und der militärisch gescheiterten „Supermacht" USA (Irak, Afghanistan, usw.) würde jede weitere imperialistische Aggression die Revolution nur verbreiten helfen, - wenn die USA oder die EU dumm genug sind, sich mit der Bolivarischen Revolution anzulegen.
Es ist geradezu Dieterichs Berufung, die Massenbewegung vor ihrem revolutionären Leichtsinn zu bewahren. Es war schon immer der Verweis auf die

Konterrevolution, mit dem der Reformismus die Arbeiterklasse so lange zur Mäßigung aufrief, bis sich die Konterrevolution stark genug fühlte, um mit der Revolution abzurechnen. Dieterichs Argumentation erinnert an das austromarxistische „Gleichgewicht der Klassenkräfte", mit dem die österreichische Sozialdemokratie nach dem Ersten Weltkrieg die Ablehnung der Rätedemokratie rechtfertigte, obwohl gerade in ganz Europa die ArbeiterInnen um die Macht kämpften. Der vorgeblich langsamere Entwicklungsweg zum Sozialismus erwies sich als nichts anderes als der Wiederaufbau des bürgerlichen Staates. Dieterichs Ratschläge für die Revolution gehen in dieselbe Richtung.

Nicht zufällig beruft sich Dieterich auch auf Lenins ‚Neue Ökonomische Politik' (NÖP). Sie war ein Zugeständnis an die kleinbürgerlichen ProduzentInnen, nachdem der Bürgerkrieg das Land schwer erschüttert hatte. Die unmittelbare Einführung einer Planwirtschaft war unmöglich. Die Ökonomie des so genannten Kriegskommunismus war nicht auf Produktion, sondern auf den möglichst rationalen Verbrauch der vorhandenen Mittel für Kriegszwecke ausgerichtet gewesen. Es war klar, dass nach überstandenem Bürgerkrieg die Produktion zunächst mit (staats-)kapitalistischen Mitteln wieder in Gang gesetzt werden musste, bevor man zur planmäßigen Produktion übergehen konnte. Nur so konnte man einen wirtschaftlichen Kollaps vermeiden. In der Konzeption von Lenin, Trotzki und Preobraschenski bestand die Aufgabe der NÖP aber darin, durch geschickte Steuerpolitik die Wertschöpfung der Kleinproduktion zum Ausbau des staatlichen Sektors zu benutzen. Während dieser Phase der „ursprünglichen sozialistischen Akkumulation" würde die Planwirtschaft systematisch aufgebaut werden. Tatsächlich aber verwandelte sich die NÖP in ein Mittel, um den Kapitalismus zu restaurieren. Nikolai Bucharin hatte sich unbewusst zum Fürsprecher dieser Tendenz gemacht. (Die großen Fehler der NÖP versuchte Stalin dann durch die umso größeren Fehler der Kollektivierungskampagne „wettzumachen".) Bucharin behauptete, dass die Entwicklung der kleinbürgerlichen Produktion im Interesse des Sozialismus sei. Das ist nun der Anknüpfungspunkt für Dieterichs Vision für Venezuela. Es sei die Aufgabe des Staates, gerade das Kleinbürgertum zu schützen:

Das Gros der wirtschaftlichen Entwicklung muss auf die Kleinproduzenten gerichtet sein. ... Die Neue Ökonomische Politik muss so ausgerichtet werden, dass die sozialen Sektoren gestärkt werden, die bisher unterprivilegiert waren: die Kleinbauern, die Industriearbeiter, die Arbeitslosen, die Kleinunternehmer. Natürlich führt das nicht automatisch zum Sozialismus. Aber parallel werden die Strukturen für die Äquivalenzökonomie geschaffen. Das ist der entscheidende Unterschied: Es wird nicht erst die demokratische Revolution und dann irgendwann später die sozialistische gemacht, sondern beide Prozesse laufen parallel. Das ist die Neue Ökonomische Politik auf lateinamerikanischem Niveau: Überlebenssicherung gegenüber der Monroe-Doktrin und Einleitung der sozialistischen Entwicklung. 12

Worin aber besteht dieser „parallel laufende" Prozess? Die IndustriearbeiterInnen und Arbeitslosen profitieren nur insofern von Dieterichs endogener Entwicklung, als sie die Ehre haben, sich von den prosperierenden nationalen Bourgeois ausbeuten zu lassen. Der Verweis auf den „Sozialismus" ist bloßes Lippenbekenntnis, um sich nicht vollends von der Massenbewegung abzukapseln. In dankenswerter Offenheit bekennt er andernorts:

Ganz offensichtlich hat der Aufbau einer Wirtschaft eines bürgerlichen Staats Vorrang, eine Aufgabe, die noch nicht angegangen worden ist. Der Hauptteil der Politik von Hugo Chávez besteht nur darin, zu versuchen, auf das Niveau der entwickelten Staaten zu gelangen, indem die grundsätzlichen Voraussetzungen geschaffen werden, wie die Alphabetisierung der Bevölkerung, die Digitalisierung der Wirtschaft usw. Unter den aktuellen Bedingungen kann man den Sozialismus nicht einführen.13

Solche Zitate finden sich viele. „Der Diskurs der orthodoxen Linken ist überholt", meinte Dieterich etwa gegenüber dem „Spiegel". „Heute liegt die

Macht in den Städten, bei der kleinen Bourgeoisie und der Mittelklasse. Diese Schichten muss die Revolution ebenso bedienen wie die Armen."

Nun weiß er aber als gelernter Lateinamerikaner (er lebt zurzeit in Mexiko), dass der Imperialismus und die Oligarchie solche Versuche einer unabhängigen kapitalistischen Entwicklung ganz und gar nicht gern sehen. Die Putschversuche in Venezuela haben das zur Genüge bewiesen. Also gilt es, Rahmenbedingungen zu schaffen, wo die Herrschenden quasi ohnmächtig der langsamen Transformation zum „Sozialismus" (es sollte eigentlich heißen: einer eigenständigen bürgerlichen Entwicklung) zusehen müssen – es gilt also zunächst ein „Gleichgewicht der Klassenkräfte" zu schaffen:

> Die Dynamik des demokratisierenden Kampfes in dieser Etappe wird bestimmt von der Beziehung zwischen drei Faktoren (Variablen): Die Klassenstrukturen und Bewusstseinsniveaus, den strategischen Zielen des Neuen Historischen Projektes und dem Kräftegleichgewicht zwischen den zeitgenössischen soziopolitischen Hauptakteuren. Es geht darum, eine Bewusstseinsbildung der Mehrheiten in einer solchen Tiefe und Breite zu erreichen, dass sich das Kräftegleichgewicht im Weltmaßstab zugunsten der demokratisierenden Faktoren verschiebt, wodurch eine wachsende Neutralisierung des kapitalistischen Systems und seiner Eliten, die entscheidend die Entwicklungslogik der globalen Gesellschaft bestimmen, erreicht wird.14

Im Klartext: Die Massenbewegung soll dafür verwendet werden, gegenüber dem Imperialismus und der nationalen Oligarchie genügend Spielraum für die „endogene staatskapitalistische Entwicklung" zu bekommen. So empfahl Dieterich nach dem niedergeschlagenen Putschversuch dem Präsidenten unter anderem, er solle die Kräfteverhältnisse nutzen, um nun einen „Modus vivendi" mit Washington zu suchen.15
Dieterich glaubt, eine eigenständige bürgerlich-kapitalistische Entwicklung in Lateinamerika in Gang setzen zu können. Angesichts der Massenbewegung kann er das nicht offen aussprechen, ohne an Einfluss zu

verlieren. Deshalb muss er sich auf Marx, Engels und Lenin berufen und sich als „revolutionärer" Berater gebärden. Solche „Freunde" kann die Bolivarische Revolution ganz und gar nicht brauchen!

Fußnoten:

1 Heinz Dieterich ist einer der wichtigsten linken Intellektuellen der bolivarischen Bewegung. Der deutschstämmige „Denkerfreund Hugo Chávez'" (Der Spiegel) lehrt zurzeit an der Universidad Autónoma Metropolitana in Mexiko Stadt. Die Zukunft der Revolution wird vor allem davon abhängen, ob die IdeologInnen der Linken richtige Perspektiven für den revolutionären Prozess entwickeln und der Bewegung eine Führung geben können. Heinz Dieterich genießt den Ruf eines solchen „Linken". Dieser Artikel zeigt auf, dass sich hinter Dieterichs revolutionärer Rhetorik altbackene reformistische Ideen verstecken.

2 Arno Peters, ein selbsternannter deutscher Ökonom, will den Stein der Weisen in der so genannten „Äquivalenzökonomie" gefunden haben. Es handelt sich dabei um Gedanken, die weit besser bereits in der ersten Hälfte des 19. Jahrhunderts formuliert worden sind. Peters' Theorien haben eine größere innere Konsistenz als Dieterichs Potpourri. Dessen Tragödie ist es nämlich, sich nicht von Marx lossagen zu wollen, was aber die Ansichten von Arno Peters verlangen. Deshalb zitiert er nur jene Abschnitte aus Arno Peters „Äquivalenzökonomie", die dem Ahnherrn nicht zu nahe treten...

3 Siehe z.B. Karl Marx, Elend der Philosophie, 1847

4 Mehr noch: Vielleicht werden sogar noch gewisse Lohndifferenzen notwendig sein, wenn auch in viel geringerem Ausmaß als im Kapitalismus üblich.

5 Siehe Karl Marx, Kritik des Gothaer Programms; in: Karl Marx/Friedrich Engels - Werke. Dietz Verlag 1973, Bd.19, S. 13-32.

6 Marx, a.a.O., S.21

7 Bzw. auf das, was für Dieterich als „Wert" definiert: die Menge der konkret aufgewendeten Arbeitszeit. Gemäß der marxistischen Werttheorie stellt sich

der Wert hinter dem Rücken der ProduzentInnen her – als gesellschaftlich durchschnittlich notwendige Arbeitszeit. Wer weniger effizient arbeitet, stellt in gleicher Zeit trotzdem nicht mehr Wert her.

8 Das bedeutet nicht, dass staatliche Preiskontrolle in der Übergangsgesellschaft ein notwendiges Mittel des Klassenkampfs ist. Doch geht es dabei darum, die Kräfte der alten Gesellschaft zu zerstören, nicht aber um die Methode des Aufbaus des Sozialismus.

9 Dieterich, Der Sozialismus des 21. Jahrhunderts. Wirtschaft, Gesellschaft und Demokratie nach dem globalen Kapitalismus, Kai Homilius Verlag, Berlin 2006, S.142

10 Dieterich, Sozialismus, a.a.O., S.142f

11 Dieterich, Interview, junge Welt, 7.1.2006, Wochenendbeilage, S.1

12 Dieterich, Interview, a.a.O.

13 Dieterich, Venezuela. ¿Puede triunfar el Socialismo del Siglo XXI?, www.rebelion.org, 3. August 2005

14 Dieterich, Sozialismus, a.a.O., S.138, meine Hervorhebung

15 Dieterich, Operación Dignidad Nacional, 20. April 2002, http://www.bolivar.se/sidor/spanska/dignidad_nacional.html

Die Agrarrevolution – Revolutionärer Realismus oder reformistische Utopie

Die Bolivarische Bewegung ist eine Massenbewegung, deren Ursprung in einer Bewegung für die national-demokratische Revolution liegt; einer Revolution, die für ein Programm der fortgeschrittenen Demokratie steht, aber die Grundfesten des Kapitalismus nicht herausforderte. Der Fortschritt der Revolution brachte sie jedoch zwangsweise in Konflikt mit den unmittelbaren Interessen der Oligarchie. Bei jedem Schritt der Revolution prallen die Forderungen der Massen in Stadt und Land mit dem heilig gesprochenen Privateigentum zusammen. Die Zukunft der Revolution hängt von der Lösung dieses Widerspruchs ab.

Natürlich unterstützen MarxistInnen die national - demokratische Revolution und begrüßen den mutigen Kampf von Hugo Chávez gegen die venezolanische Oligarchie und den Imperialismus. Selbst auf einer kapitalistischen Grundlage war dies extrem fortschrittlich. Es ist und bleibt unsere Pflicht, das zu verteidigen. Aber wir haben immer darauf hingewiesen, dass die Revolution früher oder später über die Schranken des Kapitalismus hinausgehen muss und die venezolanischen Großgrundbesitzer und Kapitalisten enteignen muss, um die Erfolge abzusichern..

Die Erfahrung hat uns Recht gegeben. Auf jeder Stufe ist die Bolivarische Revolution auf den heftigen Widerstand der Großgrundbesitzer und Kapitalisten gestoßen, die die Unterstützung des Imperialismus genießen. Um diesen Widerstand zu durchbrechen, musste sich die Revolution auf die einzigen wirklich revolutionären Klassen stützen: auf die Arbeiter und die Armen in den Städten und auf die armen Bauern auf dem Land. Auf dem Land beginnt jetzt eine entscheidende Etappe in diesem Konflikt.
Die Bodenreform ist ein uraltes Ziel der armen Landbevölkerung in Venezuela. Die Bauern streben danach, das Land selbst zu bearbeiten und ihren Lebensstandard zu verbessern. Aber dieses berechtigte Streben prallt

auf den heftigen Widerstand der Landbesitzer, die gemeinsam mit den Bankiers und Großunternehmern den Eckpfeiler der venezolanischen Oligarchie bilden. Kein echter Fortschritt kann erzielt werden, solange die Macht der Oligarchie nicht gebrochen ist.

Moderate Reformen

Der Versuch einer Agrarreform hat das zentrale Dilemma der Bolivarischen Revolution auf den Punkt gebracht. Es geht nicht darum, die gegebenen Bedingungen zu modifizieren, sie müssen beiseite geschafft werden: Die agrarische ökonomische und soziale Struktur muss grundlegend verändert werden. Wie der spanische Sozialist Largo Caballero es ausdrückte: Man kann Krebs nicht mit Aspirin heilen. Aus diesem Grund ziehen die venezolanischen Bauern, so wie ihre Verbündeten in den Städten, die revolutionärsten Schlüsse.

Anfang 2006 gab Präsident Chávez neue Maßnahmen bekannt, die die Bodenreform als wesentlichen Bestandteil der Bolivarischen Revolution vertiefen und ausweiten sollten. Diese Reformen sind sehr moderat in ihrer Zielsetzung und konzentrieren sich auf brachliegende oder kaum bewirtschaftete Farmen. Nach einem Landgesetz von 2001 können ungenützte Farmen von der Regierung beschlagnahmt werden. Die venezolanischen Behörden haben 500 Farmen als brachliegend identifiziert, darunter 56 große Landgüter. Weitere 40 000 Farmen werden noch inspiziert.

Die Maßnahmen sind sehr moderat und können nicht einmal die elementarsten Voraussetzungen einer nationalen und demokratischen Revolution erfüllen. Und doch provozierten sie ein Wutgeheul unter den Feinden der Revolution. Die Opposition bezichtigte den Staat „kommunistischer Methoden" und beschuldigte ihn, in das „Privateigentum einzugreifen".

Die Proteste der venezolanischen Opposition sind aber noch milde im Vergleich mit dem Zetergeschrei der internationalen Medien. Am 13.01.2006 veröffentlichte der Londoner Economist einen Artikel zur Landreform von Chávez. Der Anlass für diese Attacke war die Inspektion einer Rinderranch namens El Charcote in Cojedes im Norden Venezuelas, die von Agroflora, dem Subunternehmen eines britischen Nahrungsmittelkonzerns,. betrieben wurde.

Die Vestey-Gruppe ist Eigentümerin dieser riesigen Ranch, die aus nicht weniger als 13.000 Hektar Weideland und Wald besteht. Die Gruppe hält Beteiligungen ab der Zucker- und Rindfleischproduktion in Argentinien und Brasilien sowie in Venezuela. Das ist ein typisches Beispiel dafür, wie große ausländische Konzerne Schlüsselbereiche der Produktion kontrollieren und ausquetschen.

Der Economist gibt zu, dass die Familie, die das Unternehmen besitzt, für ihre lange Tradition geschickter Steuerhinterziehung genauso berühmt ist wie für ihre Fleischprodukte. Dessen ungeachtet verteidigt das Magazin die uneingeschränkten Besitzrechte, da der Besitztitel der Familie „mehr als hundert Jahre zurückgeht und von den Gerichten bestätigt wurde". In schillernden Farben beschreibt der Artikel, wie die Inspektion vor sich ging.

> „Am 8.1. kündigte das Rattern von Hubschraubern über der Ranch die Ankunft von Johnny Yánez an, dem chavistischen Gouverneur von Cojedes, ausgestattet mit dem ersten „Inspektionsbefehl gegen ländliches Eigentum" des Landes. Er wurde von 200 Soldaten und schwer bewaffneten Polizeieinheiten begleitet. Mr. Yánez, ein früherer Armeeoffizier, gab bekannt, dass Privateigentum zwar ‚ein Recht doch kein absolutes Recht' wäre."

Eine staatliche Kommission hat nun drei Monate Zeit zu entscheiden, ob die Ranch unproduktiv oder illegal bewirtschaftet wird, und damit, gemäß den Bestimmungen der Gesetze von 2001, den Bauernkooperativen übergeben werden kann. Präsident Chávez schuf zwei Tage später eine ähnliche Kommission auf nationaler Ebene. Ihre Aufgabe ist es, die Bodenreform zu beschleunigen und in geordnete Bahnen zu lenken.

Eine Landreform ist in Lateinamerika unausweichlich. In Venezuela werden mehr als 75% des fruchtbaren Landes von weniger als 5% der Landbesitzer kontrolliert. Selbst der konservative Economist muss zugeben, dass „ungleiche Landverteilung einer der historischen Gründe für die große Ungleichheit in den lateinamerikanischen Staaten ist." Das ist eine Ungerechtigkeit, die ein Ende haben muss, wie Präsident Chávez sagt. Ohne Landreform kann es für die Bolivarische Revolution keine Zukunft geben. Aber ein Frontalangriff gegen den Besitz der Gutsherren würde unvermeidlich die Enteignung der Banken und der Industrie auf die Tagesordnung setzen. Daher protestieren die Imperialisten so lautstark gegen die beschlossenen Maßnahmen.

Wird die Bodenreform die Produktion bremsen?

Die bürgerlichen Kritiker der Landreform behaupten, dass die Politik von Chávez nachteilige Folgen für die die Agrarproduktion hätte:

> „Indem sie den privaten Sektor bedrängt", schreibt der Economist,
> „verstärkt die Regierung Venezuelas Abhängigkeit vom Öl – und
> alle Probleme, die das mit sich bringt. Die Regierung sagt,
> Venezuela importiere 70% seines Lebensmittelbedarfs. Die
> Opposition erwidert, dass die Nahrungsmittelimporte um 5%
> gestiegen sind, seit Chávez an der Macht ist, während die
> Agrarproduktion zurückgegangen ist."

Die Feinde der Revolution rennen herum und jammern über die bedrohte Produktivität und die gefährdeten Investitionen, während sie in Wirklichkeit ganz andere Sorgen haben. Was dem Economist wirklich Angst macht ist die Tatsache, dass die Bauern von den Versprechungen des Präsidenten ermutigt wurden, Farmen zu besetzen. Die Massen auf dem Land erwachen aus ihrem Schlummer und beginnen einen revolutionären Kampf. Die Landreform stellt die „heiligen Eigentumsrechte" in Frage und ist ein großer Schritt in

Richtung sozialistische Revolution. Dies ist eine Aussicht, die die Oligarchie und ihre imperialistischen Meister mit Panik erfüllt.

Mit Schrecken zitiert der Economist die Worte von Johnny Yánez: „Soziale Gerechtigkeit kann nicht rechtlichen technischen Einzelheiten geopfert werden" und fügt düster hinzu: „Dieser Angriff auf privates Eigentum wird wahrscheinlich Investoren abschrecken." Der Artikel fährt mit seiner Leidensgeschichte fort:

> „Oben in El Charcote grasen noch die Rinderherden. Die Vestey Gruppe liefert 4% des in Venezuela konsumierten Rindfleischs. Sie hat bei Züchtungen landesweit Pionierarbeit geleistet. Aber Diana dos Santos, die lokale Firmenleiterin, sagt, dass alle Weiden besetzt wurden; die Rindfleischproduktion ist eingebrochen. Mehr als tausend Eindringlinge haben wacklige Baracken errichtet und Getreide gepflanzt. Sie unterstützen den Präsidenten, aber sie ver achten Mr. Yánez. Vielleicht werden sie zugunsten einer anderen, verlässlicheren politischen Klientel vertrieben. Und in ein paar Jahren werden diese wiederum in die Slums der Städte zurück kehren, und Venezuela wird eine Quelle des Reichtums verloren haben."

Da haben wir's also! Die großherzigen Imperialisten wie die Familie Vestey sind mit den besten Absichten der Welt nach Venezuela gekommen. Ihr einziger Lebenszweck ist es, dem Volke Venezuelas zu dienen, es mit köstlichem Rindfleisch zu versorgen und dabei noch kontinuierlich die Züchtungen zu verbessern (Wir erinnern uns an die Züchtungen der Rinderbauern in Großbritannien, denen wir die Segnungen des Rinderwahnsinns verdanken). Wenn sie dabei zufällig mit ehrlichen Mitteln ein paar Bolivars verdient haben, ist das natürlich eine Nebensache, die weder die Bolivarische Regierung noch den britischen Steuereintreiber etwas angeht.

Die Einstellung der kleinbürgerlichen „Demokraten"

Die Sache der Landreform in Venezuela ist so kristallklar, dass selbst klein-
bürgerliche Gruppen, die nicht gerade für ihre Liebe zu Hugo Chávez und der
Bolivarischen Revolution bekannt sind, sie murrend akzeptieren mussten.
Die venezolanische Menschenrechtsgruppe PROVEA begrüßte den von der
Regierung ausgerufenen Krieg gegen den Großgrundbesitz und nannte den
von der Regierung gezeigten politischen Willen „positiv".

Revolutionäre sollten jedoch vorsichtig sein, wenn aus dieser Ecke Lob
kommt. Die bürgerlichen „Demokraten" der PROVEA sind keine Freunde
der Bolivarischen Revolution und ihr Beifall ist ein vergifteter Kelch, den sie
der Revolution anbieten, nicht um ihr zu helfen, sondern um zu lähmen und
auflaufen zu lassen..
Der Regierung wird nahe gelegt, in der Frage der Agrarpolitik „integrativ"
vorzugehen und Gewalt auf dem Land zu vermeiden. Das soll heißen, sie ist
dazu eingeladen, die Interessen aller Klassen zu vertreten – die der
Großgrundbesitzer genauso wie die der Bauern. Die Regierung ist dazu eingeladen, das Schaf neben den Wolf zu legen. Ihr wird die Quadratur des
Kreises nahe gelegt. Kurz gesagt, wird sie dazu eingeladen, etwas zu tun,
was man nicht tun kann. Und jene die so einen Unsinn befürworten, halten
sich für große „Realisten". Wenn die Konsequenzen nicht so ernst wären,
könnte man darüber lachen.

Wenn man von solchen Leuten Unterstützung angeboten bekommt, ist es
höchst ratsam, das Kleingedruckte zu lesen. Und das Kleingedruckte lautet
wie folgt:

> „Der Prozess findet im Rahmen des Gesetzes statt.
> Demgemäß darf eine Enteignung von Agrarland nur durch
> Gremien erfolgen, die dazu im Sinne des das Land &
> Agrarentwicklungsgesetz (ITDA) befugt sind."

Das sind unerschwingliche Perlen der Weisheit. Die Heuchler der PROVEA halten uns fromme Vorträge über das „Gesetz", vergessen aber geflissentlich, dass die Großgrundbesitzer über Jahre weg die Bauern, die ihre Autorität in Frage stellten und ihre Rechte einforderten, geschlagen, gefoltert und ermordet haben. Die Großgrundbesitzer fühlen sich keineswegs an das Gesetz gebunden und bekämpfen jedes Agrarprogramm mit allen Mitteln, die ihnen zur Verfügung stehen. Wer das leugnet, ist ein Narr oder ein Gauner.

Die Bauern sind keine Narren und werden sich nicht von klugen Anwälten und „demokratischen" Demagogen einwickeln lassen. Sie wissen, dass das Land ihnen niemals gehören wird, wenn sie nicht dafür kämpfen und den rücksichtslosen Widerstand der Großgrundbesitzer besiegen. Aus bitterer Erfahrung wissen sie auch, dass bürokratische Maßnamen und schöne Reden von Männern aus Caracas in guten Anzügen ihre Interessen nicht garantieren können. Sie wissen, dass ohne energische Bewegung von unten, die Landreform reine Makulatur bleibt – wie alle diese Gesetze in der Vergangenheit.

Daher organisieren sich die Bauern selber. Sie übernehmen die Initiative bei den Landbesetzungen. Ehrliche Demokraten werden diese Initiative nicht kritisieren, sondern begeistert unterstützen. Nur ein korrupter Bürokrat und ein Spion der Konterrevolution fürchtet die revolutionäre Initiative der Arbeiter und Bauern! Es sind gerade diese Initiativen, die die Bolivarische Revolution immer wieder gerettet haben. Alle, die diese Initiativen der Massen ersticken wollen, schwächen - bewusst oder unbewusst – die Revolution und entziehen ihr die Antriebskraft. Sobald sich diese Leute durchsetzen, wird die Revolution zum Untergang verdammt sein.

Juristische Haarspalterei

Die selbsternannten „Freunde der Freiheit" fahren fort:

„Gouverneure können Prozesse, die dem Nationalen Institut für

Landbesitz (INTI) entsprechen, fördern und erleichtern, *aber sie können keine Besitztitel übergeben oder Land enteignen. Die Eigentumsrechte des Landeigners müssen respektiert werden*, und ebenso die juristischen Prozessen, gerechten und transparenten administrativen Maßnahmen, angemessene Bezahlung und gerechte Entschädigung. Im Falle brachliegender Flächen müssen den Eignern im Sinne von §52des ITDA, Zertifikate für verbesserbares Farmland garantiert werden." (Hervorhebungen des Autors)

Diese „gescheiten" Anwälte kennen das Gesetz von vorne bis hinten, von innen nach außen und von oben nach unten. Ja, sie haben ihre Gesetzbücher über Jahre studiert, haben alle ihre Prüfungen bestanden und einen Haufen Geld damit verdient das Gesetz anzuwenden und zu missbrauchen. Sie haben das Gesetz zu ihrem eigenen Privateigentum gemacht – so etwas wie eine teure Kuh die köstliche Milch für ein paar Privilegierte gibt. Aber die hungrigen Massen, der arme Bauer, der Arbeiter, der Arbeitslose haben ziemlich wenig davon.

Die Bolivarische Revolution hat viel dazu beigetragen, dieses Ungleichgewicht zu beseitigen. Sie hat die alte Verfassung der Oligarchie abgeschafft und durch eine neue demokratischere Verfassung ersetzt. Das ist begrüßenswert, aber das allein ist noch nicht genug, um die Situation der Armen zu verändern und die Ungerechtigkeit zu beseitigen, was die Bolivarianer so leidenschaftlich wünschen.

Die Bolivarische Verfassung ist nur in den Händen des Volkes eine Waffe. Aber eine Waffe hat keinen Nutzen, wenn man nicht mit ihr kämpft. In den Händen der Anwälte und Bürokraten wird sie zu einem Stück Papier – etwas, das verdreht und „interpretiert" werden kann. Schließlich hat sogar die demokratischste Verfassung der Welt beschränkte Macht. Eine Verfassung gibt gewisse Grenzen vor, innerhalb derer der Klassenkampf ausgetragen wird. Das ist wichtig, weil sie den Arbeitern und Bauern mehr oder weniger Mittel geben kann, um ihren Kampf zu führen. Die Verfassung kann allerdings den Klassenkampf nie ersetzen.

Damit die demokratische Verfassung irgendeine Bedeutung bekommt, muss sie durch Massenaktionen von unten gestützt werden. Ohne diese bleibt sie eine leere Hülse ohne wirklichen Inhalt, ein lebloses Skelett. Nur die revolutionäre Bewegung der Arbeiter und Bauern kann die fortschrittlichen Ziele der Verfassung mit Leben füllen und der Demokratie einen echten Inhalt verleihen. Zu fordern, dass sich die venezolanischen Bauern auf das beschränken sollten, was die Anwälte vorschlagen, und dass sie ihre Forderungen aufweichen sollten, bis sie auch den Bürokraten „vernünftig" erscheinen – kurz gesagt, dass die Bauern darauf warten sollten, dass ihnen das Land auf einem Tablett übergeben wird – dies zu fordern, heißt jede Möglichkeit einer echten Agrarreform in Venezuela aufzugeben.

Die Argumentationslinie dieser juristischen Damen und Herren Juristen ist der Gipfel der Arroganz und Unverschämtheit gegenüber den Massen. Wie schon erwähnt, erzählen sie uns: „Gouverneure können Prozesse die dem Nationalen Institut für Landbesitz (INTI) entsprechen, fördern und erleichtern, aber sie können keine Besitztitel übergeben oder Land enteignen."

Der erste Teil des Satzes ist sicherlich überflüssig. Es ist anzunehmen, dass alle demokratischen Gouverneure dazu gesetzlich verpflichtet sind, die Entscheidungen der gesetzlich gewählten Regierung umzusetzen. Wieso muss das extra dazugesagt werden? Sofern es nicht Gouverneure gibt, die mit den Großgrundbesitzern und der Konterrevolution kollaborieren und die Entscheidungen der Regierung in Caracas sabotieren.

Gibt es solche Gouverneure? Natürlich gibt es sie, und genau darum trauen die Bauern ihnen nicht. Das ist der Grund dafür, dass sich die Bauern – richtigerweise – dazu entschieden haben, sich selbst zu organisieren und die Initiative zu übernehmen. Das ist genau das, was die Entrüstung der „Demokraten" von PROVEA und anderen, offenen oder versteckten, Konterrevolutionären hervorruft.

Das „heilige Recht auf Eigentum"

Vor allem, protestieren die „Freunde des Volkes", dürfen die großen Ländereien nicht enteignet werden. Wieso nicht? Weil das eine Verletzung des heiligen Rechts auf Privateigentum wäre. Aber wie soll es in einem Land, in dem 75% des bebauten Bodens in den Händen von 5% der Landbesitzer konzentriert sind, möglich sein, eine Agrarreform durchzuführen, ohne die heiligen Eigentumsrechte zu verletzen? Darauf verzichten heißt, auf die ganze Idee einer Agrarreform in Venezuela zu verzichten. Und das ist genau hätten die „demokratischen" Herren in ihren feinen Anzügen gern, auch wenn die Höflichkeit (und die Angst vor den Massen) ihnen verbietet, es offen auszusprechen.

Diese Damen und Herren plappern weiter von „angemessener Entschädigung". Aber wenn irgendjemand ein Recht auf angemessene Entschädigung hat, dann sind es die Millionen von Bauern, die für den Profit der Grundbesitzer über Jahrhunderte hin ausgebeutet und unterdrückt wurden. Ihre Anwesen wurden mit Blut, Schweiß und Tränen von Generationen von armen Männern, Frauen und Kindern errichtet. Und woher hatten sie ihr Eigentum ursprünglich? Das Land gehörte ihnen nicht immer. Es wurde mit Gewalt und Betrug der indigenen Urbevölkerung abgepresst. Wo gab es damals eine „gerechte Entschädigung"?

Diese „cleveren" Sophisten versuchen uns, mit legalen Tricks zu blenden. Aber die ganze Geschichte Lateinamerikas zeigt, dass die parasitäre Klasse der Großgrundbesitzer nie auch nur die geringste Rücksicht auf solche legale Nettigkeiten genommen hat, wenn es um ihre eigenen Interessen ging. Sie haben ihr Land mit Gewalt bekommen und es seither auch mit Gewalt behalten. Was dem Volk gestohlen wurde, muss dem Volk zurückgegeben werden. Die Frage der Entschädigung hat damit nichts zu tun. Die Großgrundbesitzer haben auf dem Rücken des Volkes ein Vermögen gescheffelt. Sie verdienen nicht einen Cent mehr.

PROVEA sagt, dass die Regierung, sofern sie keine Enteignung einleitet und Art. 115 der Verfassung (betreffend die Enteignung von Land im öffentlichen Interesse) befolgt, keine Besitztitel auf freies Land ausgeben kann. Das Geschwätz über gesetzliche Feinheiten ist nur eine Tarnung, die Verwirrung schaffen soll, wie zum Beispiel in Sätzen der folgender Art:

> „Im Fall brachliegenden Landes ist den Eigentümern die Ausstellung von Urkunden auf Anbauflächen gemäß § 52 ITDA zu gewährleisten."

Unsere Freunde von PROVEA sagen uns, dass die Revolution dies und jenes tun muss, und dies und jenes nicht darf. Wirklich? Aber das Wesen einer Revolution ist, dass sie den Willen des Volkes ausdrückt; dass sie die Interessen der Mehrheit über jene der Minderheit stellt. Die Gesetze wurden in der Vergangenheit von einer reichen Minderheit gemacht, die ihre Macht und ihre Privilegien verteidigen wollte. Eine Revolution, die sich von solchen Gesetzen lähmen lässt, verdient den Namen Revolution nicht. Das wäre nichts anderes als ein bürokratisches Spielchen, Betrug und Illusion.

Die Massen stimmten im letzten Jahr mit einer überwältigenden Mehrheit für die Bolivarische Revolution. Die Feinde der Revolution wurden sozusagen aus der Haustür hinausgeworfen und versuchen nun über den Hintereingang zurückzukommen. Im offenen Kampf geschlagen, greifen sie nun auf Manöver und Intrigen zurück, verstecken sich hinter dem Gesetz und bauen auf eine Verzögerungstaktik. Wenn wir das akzeptieren, unterwerfen wir den Willen der Mehrheit unter die Machenschaften einer reichen und privilegierten Minderheit. Demokratie wäre nur noch ein hohles Schlagwort. Der Schwanz würde mit dem Hund wedeln.

Zum Glück wollen es die Massen nicht so weit kommen lassen.

Die Bauern mobilisieren zum Handeln

Kürzlich erhielten wir einen interessanten, von E. Gilman unterzeichneten Bericht über den Venezolanischen Bauernkongress von El Nuevo Topo. Der kurze Bericht zeigt die wirkliche Stimmung an der Basis, nicht nur unter den Arbeitern, sondern auch unter deren natürlichen Verbündeten, den armen Bauern. Wir lesen darin folgendes:

> „Caracas: Am 5. und 6. Februar fand, unterstützt von der Frente Nacional Campesino Ezequiel Zamora, in Tucari die ‚Bauernkonferenz zur Verteidigung der Nationalen Souveränität und für die Agrarrevolution' statt. Fast 100 Delegierte trafen sich in der Berbere Kooperative, einer kollektiven, großteils von schwarzen Bauern bewirtschafteten Farm.

> „Obwohl es eine einmütige Unterstützung für Präsident Hugo Chávez gab, wurde das Gesetz zur Agrarreform scharf attackiert, da es nur Enteignungen von brachliegenden Flächen über 5000 Hektar zulässt. Die Bauern kritisierten das Agrarreforminstitut, es sei so langsam und bürokratisch, dass die Latifundienbesitzer Zeit genug hätten, ganze Wälder abzuholzen, während das Institut noch debattiere. Dazu hatten viele mangelhaftes Saatgut vom Institut bekommen. Viele Bauern, die direkt Land in Besitz genommen haben, beklagten sich darüber, dass örtliche Richter auf der Seite der Grundbesitzer stünden und die Polizei einsetzen ließen um die besetzten Ländereien zu räumen […]

> „Die Konferenz diskutierte die Notwendigkeit einer bewaffneten Selbstverteidigung genauso wie Möglichkeiten eines Guerilla-krieges im Falle einer Invasion der USA. Sie verteidigten die Notwendigkeit, Farmen zu kollektivieren, anstatt das Land aufzuteilen. Es gab eine Diskussion über Kontrolle und disziplinäre Maßnahmen gegenüber denjenigen, die sich vor der Arbeit drücken. Die Konferenz einigte sich darauf auf der Berbere Farm eine Schule einzurichten, in der kollektive Landwirtschaft unterrichtet werden sollte.

„Die Bauern diskutierten darüber, die Fernstraße Panamericana zu besetzen um ihre Forderungen durchzusetzen. Die einzigen Misstöne kamen von der Bürgermeisterin, die Geduld anmahnte und meinte, das Gesetz wäre wie ,ein Vater der Regeln für seine Kinder macht'. Ihr Aufruf zu Geduld wurde einmütig abgelehnt. Viele Bauern hielten eine ,Revolution in der Revolution' für eine Voraussetzung der wahren Macht des Volkes (Poder Popular)."

Diese wenigen Zeilen sprechen lauter als alle Bücher und Artikel, die zur Bolivarischen Revolution erschienen sind. Hier sehen wir das dialektische Verhältnis zwischen den Massen und der Regierung unter der Führung von Hugo Chávez. Unter dem Druck der Massen, beschließt die Regierung eine Reform. Die Bauern nehmen sich das zu Herzen und verstärken ihre Forderungen. Sie drücken ihre „einmütige Unterstützung für Hugo Chávez" aus, aber zeigen gleichzeitig die Grenzen des neuen Gesetzes auf. Das Gesetz wird begrüßt, aber es geht nicht weit genug. Daher wollen sie der Regierung dabei helfen, dass sie weiter geht, indem sie ihre Aktionen von unten vorantreiben.

Die Bekanntgabe neuer Maßnahmen hat hunderte Landnahmen ausgelöst und diese wurden von den Großgrundbesitzern und ihren Agenten mit dem Mord von Dutzenden Bauernaktivisten beantwortet. Bis jetzt wurde den Bauern sehr wenig Land tatsächlich zuerkannt. „Das ist eine Selbstkritik, der sich die Revolution stellen muss", sagt Rafael Alemán, der für die Inspektion zuständige Beamte in El Charcote. „Wir haben diesen Prozess nicht vor-angetrieben."

Das soll uns nicht überraschen. Die Regierungsmaschinerie ist langsam und schwerfällig. Die Bürokratie ist kein geeignetes Instrument für eine revolu-tionäre Aufgabe. Sie steckt im Alltagstrott, erledigt ohne Begeisterung ihre Verpflichtungen oder sabotiert sogar die Durchführung der Gesetze, die von der Bolivarischen Regierung verabschiedet wurden. In ihren Rängen gibt es viele escuálidos und versteckte Konterrevolutionäre. Die Bauern vertrauen ihr nicht, und das ist richtig so. Sie kritisieren die Langsamkeit und die bürokratischen Methoden des Instituts für die Bodenreform, die den Landbesitzern bei ihrer Sabotage nützen. Die Bauern wissen - und das ganze Volk weiß - dass nur eine revolutionäre Massenbewegung die Revolution durchführen kann.

Einen unbeirrbaren revolutionären Instinkt an den Tag legend, kritisieren die Bauern die Agrarreform in einer Art und Weise, die von hoher politischer Reife zeugt. Die Feinde der Agrarreform sagen: Das Aufbrechen der großen landwirtschaftlichen Betriebe in vereinzelte Bauernhöfe wird der Produktivität schaden und Hunger und Chaos verursachen. Die Bauern antworten: Wir sind für die Enteignung der großen landwirtschaftlichen Betriebe - aber wir bestehen nicht auf ihrer Zerteilung in eine Vielzahl von bäuerlichen Kleinbetrieben. Wir befürworten die Errichtung kollektiver Farmen auf denen das Land gemeinschaftlich bewirtschaftet wird, unter Verwendung der modernsten Maschinerie und Technologie. Dazu ist es nicht notwendig, dass das Land von wenigen reichen Parasiten kontrolliert wird. Die revolutionären Bauern sind keine Narren. Sie verstehen vollkommen die Notwendigkeit der Kontrolle, Buchhaltung und Disziplin auf kollektivierten Farmen. Diese werden von den Produzenten demokratisch geführt. Diejenigen die sich weigern, zu arbeiten, werden vom restlichen Kollektiv, das an einem hohen Produktivitätsniveau interessiert ist, diszipliniert. Um die Ziele zu erreichen, werden landwirtschaftliche Fachschulen auf den Farmen eingerichtet. Was hat diese höchst verantwortliche Einstellung mit der grotesken Karikatur des „dummen Bauern" zu tun, der die wissenschaftliche landwirtschaftliche Produktion sabotiert? Mit dem Bild, das uns die Großgrundbesitzer und ihre westlichen Propagandisten präsentieren wollen?

Reformismus oder Revolution?

Teile der bolivarischen Führung wollen die Opposition mit dem Hinweis beruhigen, dass das Privateigentum durch die Maßnahmen nicht bedroht sei. Vizepräsident Jose Vicente Rangel sagte, dass Bauern und Viehzüchter, deren

Besitztitel rechtmäßig sind und deren Ländereien bewirtschaftet werden, „nichts zu befürchten" hätten. Solche Beschwichtigungen werden jedoch nichts zur Beruhigung der besitzenden Klassen beitragen oder ihre unversöhnliche Feindschaft gegenüber der Bolivarischen Revolution besänftigen. In einem Bericht auf Vheadline.com lasen wir kürzlich folgendes:

· „Der Gouverneur von Carabobo, Luis Felipe Acosta Carlez, sieht sich mit einer peinlichen Flut von Landbesetzungen konfrontiert, die die regierungsnahe Bewegung Movimiento Quinta Republica (MVR) gespalten hat.

„Mit roten T-Shirts und revolutionären Parolen haben Personen in ganz Carabobo Privatbesitztümer und angeblich brachliegendes Land besetzt.

„Das Staatssekretariat für öffentliche Sicherheit wurde damit betraut, in allen Gebieten präventive Kontrollen zu organisieren und mit illegalen Landbesetzern in einen Dialog zu treten.

„Der Gouverneur wurde einer schwankenden Vorgehensweise beschuldigt. Er reagierte, indem er ein Notfalldekret vorbereitet, um Kontrollpunkte zu errichten, die die Leute aus anderen Bundesstaaten davon abhalten sollten, Land zu besetzen.

„Die Nationalgarde (GN) und die Staatspolizei werden diesem Plan folgen. Das Ziel ist eine friedliche Räumung.... Ein Teil der Operation besteht darauf, professionelle oder politische Landbesetzer ausfindig zu machen und strafrechtlich zu verfolgen."

Sicher ist es notwendig zwischen Landbesetzungen, die von landlosen Bauern durchgeführt werden, und betrügerischen Aktivitäten so genannter „Berufsbesetzer" zu unterscheiden, die Land besetzen um es nachher zu verkaufen,. Solche Aktivitäten sind das Werk von Parasiten und

Konterrevolutionären und müssen verurteilt werden. Aber erstens ist es falsch, solche Vorfälle als Argument gegen die Landbesetzungen im Allgemeinen vorzubringen, und zweitens besteht die einzige Möglichkeit, den betrügerischen Landbesetzungen vorzubeugen, in einer Vertiefung und Weiterentwicklung aufrichtig revolutionärer Landbesetzungen, die von demokratisch gewählten Bauernkomitees organisiert werden.

Es ist die Pflicht jedes aufrichtig revolutionären Demokraten die Agrarreform zu unterstützen. Erfolgreich bringen aber nur die energischsten revolutionären Maßnahmen. Die Bauern können sich nicht darauf verlassen, dass ihnen die Bürokratie das Land gibt. Sie können sich nur auf ihre eigene Stärke verlassen. Darum organisieren sie sich, und darum bereiten sie sich darauf vor, die Initiative zu ergreifen.

Die revolutionäre Mobilisierung der Bauern ist die einzige Garantie dafür, dass die Agrarreform der Bolivarischen Revolution in der Praxis umgesetzt wird - dass sie kein bedeutungsloses Stück Papier in der Schublade irgendeines Bürokraten in Caracas bleibt. Die Bauern sind Realisten. Sie verstehen, dass die Landbesitzer ihre Macht, ihr Land und ihre Privilegien nicht ohne Kampf aufgeben werden, egal welche Gesetze in Caracas beschlossen werden. Wenn sie ihr Land wollen, müssen sie dafür kämpfen.

PROVEA verrät mehr als beabsichtigt, wenn sie das Ministerium zu einer raschen Klärung der Ermordung von zahlreichen gesellschaftlich engagierten Aktivisten auf dem Land aufruft. Was bedeutet das? Nur soviel: dass auf dem Land schon ein blutiger Bürgerkrieg tobt; dass die Großgrundbesitzer und ihre bezahlten Killer vollkommen straflos jeden Tag Bauernführer umbringen; dass das „Gesetz" für die armen Bauern nur eine leere Worthülse ist. Und welche Lösung schlagen unsere gebildeten Freunde für dieses Problem vor? Einen Aufruf an den Minister, die „Ermittlungen zu beschleunigen". Das ist ein lobenswerter Vorschlag und wir haben im Prinzip nichts dagegen. Aber die Bauern wissen, dass die Mühlen des Gesetzes langsam mahlen und die bewaffneten Agenten der Konterrevolution schnell arbeiten. Ihr Leben steht auf dem Spiel, und sie müssen etwas zu ihrer Verteidigung tun.

Jeder weiß, dass in den letzten Jahren viele Bauern von den Großgrundbesitzern und ihren bewaffneten Banden umgebracht wurden. Im Bericht des Bauernkongress lesen wir: „Ende Oktober 2003 halfen 120 Polizisten in Barinas den Großgrundbesitzern dabei, eine Schule auf dem besetzten Land zu zerstören, und gaben den Großgrundbesitzern 240 000 Pfund Mais, der von den Bauern produziert worden war." Das ist kein isolierter Fall. Die reaktionären Großgrundbesitzer mobilisieren zur Niederschlagung der Bauern und um ihre Macht und ihre Privilegien zu verteidigen. Sie zögern nicht damit, auf Gewalt zurückzugreifen. Sie haben Geld, Waffen und Einfluss. Und, wie der Bericht zeigt, haben sie Teile des Staatsapparats auf ihrer Seite.

Wer den Bauern Mäßigung und Zurückhaltung predigt, um einen Bürgerkrieg auf dem Land zu verhindern, liegt daneben. *Es gibt schon einen Bürgerkrieg auf dem Land.* Dem kann nur durch die entschlossene revolutionäre Aktion der Bauern selbst mit Unterstützung ihrer natürlichen Verbündeten, der Arbeiterklasse, ein Ende gesetzt werden. Der Bauer wird nicht mit verschränkten Armen dabei zusehen, wie von Großgrundbesitzern bezahlte und bewaffnete reaktionäre Banden prügeln, einschüchtern und töten.

„Die Konferenz diskutierte die Notwendigkeit bewaffneter Selbstverteidigung genauso wie die Möglichkeit eines Guerilla-Kriegs im Falle einer US-Intervention." Jawohl! Aber der Feind der venezolanischen Bauern ist nicht nur der US-Imperialismus. Der Feind steht im eigenen Land! Die venezolanische Oligarchie ist nichts andere als der hiesige Agent des US-Imperialismus. So lange die Oligarchie das Land, die Banken und die Schlüsselindustrien in Händen hält, wird die venezolanische Revolution nicht sicher sein und die Agrarreform eine Fata Morgana bleiben.

Die Bauernschaft muss sich bewaffnen! Diese Botschaft wurde mehr als einmal von Präsident Chávez wiederholt. Es ist an der Zeit, sie in die Praxis

154

umzusetzen. Es ist kein Guerillakrieg notwendig, sondern organisierte Selbstverteidigung, Bewaffnung und die Bildung von demokratisch gewählten Bauernkomitees in jedem Dorf, um das Volk gegen die bewaffneten Banden der Konterrevolution zu verteidigen. Die Komitees sollten sich auf lokaler, regionaler und nationaler Ebene vernetzen und gleichzeitig eine Verbindung zu den Komitees der Arbeiter in den Städten herstellen.

Das ist der einzige Weg für eine friedliche und geordnete Übergabe der Macht an die Landbevölkerung. Die Bauernkomitees können eine doppelte Rolle spielen: erstens in der Mobilisierung und Organisation der bäuerlichen Massen zur raschen Durchführung der Agrarreform, und zweitens in der demokratischen Leitung der kollektivierten Farmen. Kein anderer Weg ist möglich.

Die Agrarrevolution muss die Macht der Oligarchie brechen, wenn sie erfolgreich sein will und zwar nicht nur auf dem Land. Damit der landwirtschaftlichen Produktion kein schwerer Schaden zugefügt wird, müssen die Farmen auf einer kollektiven Grundlage enteignet werden. Das kann nur erfolgen, wenn die notwendigen billigen Kredite, billigen Düngemittel, Traktoren, Erntemaschinen und Lkw für den Abtransport zur Verfügung stehen und Absatzmärkte für die Produkte garantiert sind. Das kann nur durch einen allgemeinen Produktionsplan erreicht werden.

Der erste Schritt zum Erreichen dieses Ziels ist die Verstaatlichung der Banken. Ohne Kontrolle über Finanz- und Kreditwesen ist es unmöglich, die Wirtschaft zu planen und zu kontrollieren. Das wäre so, als würde man versuchen ein Auto ohne Bremsen, Gaspedal und Schalthebel zu steuern. Die Verstaatlichung der Banken und des Bodens ist eine absolut notwendige Tatsache - auch als Teil einer national demokratischen Revolution. Aber dann stellt sich die Frage: Wieso sollten wir danach stehen bleiben? Wieso nicht die großen Unternehmen enteignen, die immer noch in privater Hand sind? (Wir interessieren uns nicht für die kleinen.)

Der Grund für die Panikanfälle der Oligarchie und der Imperialisten wegen der Agrarreform ist, dass sie die den Prozessen zugrunde liegende Logik verstehen, die alle so genannten göttlichen Eigentumsrechte in Frage stellt. Das ist absolut korrekt! Anstatt sich zu entschuldigen und den Großgrundbesitzern und Kapitalisten zu versichern, dass sie nichts zu befürchten hätten, sollte die Bolivarische Revolution die Enteignung der korrupten und degenerierten venezolanischen Oligarchie ganz oben auf die Tagesordnung setzen.

Präsident Chávez hat zu Recht festgestellt, dass Kapitalismus Sklaverei ist. Er sagte, dass die Zukunft der Bolivarischen Revolution der Sozialismus ist. Wir stimmen darin zu hundertundeinem Prozent mit ihm überein. Er hat auch öffentlich Trotzkis Theorie der permanenten Revolution verteidigt. Was bedeutet das? Es bedeutet, dass die Aufgaben der national demokratischen („bürgerlich demokratischen") Revolution unter modernen Bedingungen nicht vom Bürgertum gelöst werden können und dass die national demokratische Revolution nur dann erfolgreich sein kann, wenn sie sich in eine sozialistische Revolution umwandelt.

Die Geschichte der letzten 200 Jahre von Venezuela - und von ganz Lateinamerika - ist eine klare Bestätigung dieser Aussage. Auf der Grundlage der kapitalistischen Sklaverei gibt es keinen Fortschritt. Der endgültige Bruch mit Großgrundbesitz und Kapitalismus ist notwendig. *Das ist die wahre Bedeutung der Parole von der Revolution in der Revolution. Das ist der einige Weg nach vorne!*

Es ist nicht nötig, das Rad neu zu erfinden

Interview mit Alan Woods über den marxistischen Standpunkt zur Bolivarischen Revolution in Venezuela und zur Lage in Kuba.

F.: Sie sind Mitbegründer der Initiative „Hands off Venezuela". Wie hat sich die Arbeit der Initiative in den letzten drei Jahren entwickelt?

Wir haben schon viel geleistet und sind jetzt weltweit in über 40 Ländern und in fünf Kontinenten tätig. Der Jahreskongress des britischen Gewerkschaftsbunds TUC 2005 solidarisierte sich mit der venezolanischen Revolution gegen den Imperialismus. Dies ist ein Durchbruch, der ohne unsere jahrelange geduldige Überzeugungsarbeit nicht möglich gewesen wäre. In Spanien organisierten wir mit den Gewerkschaften eine Großveranstaltung mit Präsident Chávez. In den USA fand in den letzten Wochen erstmals überhaupt eine von uns organisierte Rundreise mit einem Vertreter der Gewerkschaft UNT statt.

Haben Sie auch ein Echo in Venezuela gefunden?

Wir arbeiten in Venezuela eng mit den MarxistInnen in der Arbeiterbewegung um die CMR zusammen, die etwa bei der Verstaatlichung von Venepal oder CNV eine führende Rolle spielten. Bei Großveranstaltungen zum Jahrestag des Putsches von 2002 oder dem Weltjugendfestspielen 2005 war ich als Referent eingeladen. 2004 hatte ich ein anderthalbstündiges Gespräch mit Präsident Chávez. Dies war eine sehr solidarische Aussprache zwischen zwei engagierten Revolutionären. Hugo Chávez hat mir dabei u.a. Anerkennung für mein Buch „Aufstand der Vernunft" ausgesprochen. Er hat sich selbst nie als Marxisten betrachtet, hat jedoch in den letzten Jahren ein starkes Interesse an marxistischen Ideen entwickelt. Dies ist mir bei dem Gespräch auch klar geworden.

157

Nun wirft man Ihnen vor, Sie könnten die Entwicklung in Venezuela nicht richtig einschätzen, weil Sie gar nicht im Lande leben.

Das ist ein sehr kindisches Argument. In Deutschland oder England leben sehr viele Menschen, die keine Ahnung davon haben, was im eigenen Lande politisch abgeht. Das ist keine geographische Frage. Ich bin Marxist und gehe davon aus, dass der Marxismus durch die weltweiter Entwicklung insbesondere seit dem Fall der Berliner Mauer bestätigt wurde. Eine marxistische Analyse hilft uns, die Prozesse weltweit und speziell in Venezuela zu verstehen. Viele Linke verstanden und verstehen demgegenüber das Phänomen Chávez und seine Rolle bis zum heutigen Tage nicht. Als Marxisten analysierten wir die Entwicklung in Venezuela von Anfang an und nehmen seither einen sehr klaren und festen Standpunkt für die Verteidigung der venezolanischen Revolution ein.

In seinem neuen Buch „Venezuela – not for sale" beschreibt Ingo Niebel, dass Hugo Chávez für die tägliche Arbeit „die trotzkistische Parole von der Revolution in der Revolution" aufgreife, diese jedoch mit einer anderen Bedeutung belege. Ist diese Parole eine trotzkistische Parole?

Es würde mich freuen, wenn dies eine trotzkistische Parole wäre. Tatsache ist auch, dass Präsident Chávez Bücher von Trotzki liest und davon teilweise beeinflusst worden ist. Die Parole von der Revolution in der Revolution enthält eine richtige Idee – nämlich dass die bolivarische Revolution trotz ihrer eindrucksvollen Errungenschaften noch nicht vollständig abgeschlossen ist. Ein Großteil der wirtschaftlichen Macht befindet sich immer noch in den Händen der Bourgeoisie und Oligarchie, die ein bitterer Feind der bolivarischen Revolution ist. Solange diese Situation anhält, kann ich nicht erkennen, wir man die grundlegendsten Aufgaben der bolivarischen Revolution lösen will. Dazu gehört insbesondere eine tief greifende Landreform, die die extrem ungerechte Verteilung des Grundbesitzes ändert. Ohne dies wird die bolivarische Revolution nie vollendet werden können. Insofern ist eine neue Etappe der Revolution dringend notwendig.

Im Zusammenhang mit der Parole vom Sozialismus des 21. Jahrhunderts sagt Ingo Niebel: „Marxisten wie Alan Woods sprechen von einer sozialistischen Strategie für die venezolanische Revolution und sehen neue Hoffnung für ihre in Europa geschlagene Ideologie." Wollen Sie tatsächlich die Venezolaner zu Versuchskaninchen für eine „in Europa geschlagene Ideologie" machen?

Zuerst einmal: Der Marxismus ist keine geschlagene Ideologie. In der Sowjetunion ist nicht der Marxismus gescheitert, sondern seine bürokratische und totalitäre Karikatur – der Stalinismus. Vielmehr erleben wir in Venezuela, Europa und weltweit derzeit so etwas wie einen Zusammenbruch der Marktwirtschaft, die nur Kriege, Arbeitslosigkeit und Elend für Milliarden Menschen produziert. Es spricht von eurozentristischer Arroganz, wenn man die Menschen in Venezuela als noch nicht für den Marxismus ansprechbar darstellt. Das Gegenteil ist der Fall: die Menschen in Venezuela sind den Europäern derzeit voraus, weil sie immerhin damit begonnen haben, die Aufgaben der sozialistischen Revolution anzupacken. Ohne die Anwendung marxistischer Ideen ist nach meiner festen Überzeugung eine erfolgreiche sozialistische Revolution unmöglich. Es freut mich festzustellen, dass Präsident Chávez und viele andere Aktivisten der bolivarischen Bewegung sich nicht nur in Richtung sozialistischer Positionen bewegen, sondern die Ideen von Marx, Engels, Lenin, Trotzki und Rosa Luxemburg ernst nehmen.

Nun wird in der bolivarischen Bewegung immer wieder betont, dass es nicht darum gehe, fertige Sozialismusmodelle zu kopieren. Wird in Venezuela also eine neue Form von Sozialismus entstehen oder wollen Sie den Venezolanern Ihr Sozialismus-Modell überstülpen?

Darauf gibt es zwei mögliche Antworten. Zum ersten ist jede Revolution anders, denn jede Nation und jedes Volk hat Besonderheiten und eigene Traditionen. Natürlich geht es nicht um die sklavische Nachahmung irgendeines Modells. Allerdings ist es nicht nötig, das Rad neu zu erfinden, denn das Rad wurde schon vor langer Zeit erfunden. Der Marxismus bleibt der höchste, wissenschaftliche Ausdruck des Sozialismus und ist aktuell geblieben. Die Revolution in Venezuela muss nicht unbedingt schematisch alle Etappen der Russischen Revolution durchlaufen. Bei allen realen Unterschieden sind die grundlegenden Prozesse die gleichen. Daher müssen auch die gleichen grundlegenden revolutionären Ideen zur Anwendung kommen.

Ingo Niebel wirft europäischen Linken vor, sie hätten nicht verstanden, „dass die friedliche Revolution in Venezuela aus dem Bolivarianismo hervorgegangen ist, einer sich entwickelnden Idee, die ihren Ursprung in Lateinamerika hat und einen sozialen Charakter hat, der sowohl der sozialistischen Idee wie aber auch der christlichen Soziallehre sehr nahe kommt. Nur: Die soziale Ausprägung des Bolivarianismus führt Chávez ausdrücklich nicht auf Marx zurück, sondern auf dessen lateinamerikanische Zeitgenossen Bolívar, Rodríguez und Zamora. Deren Vorstellungen verbindet die bolivarianische Idee mit konkreter Politik, wie sie unter den gegebenen Umstönbden nötig und möglich ist."

Diese Aussage verkennt die wirkliche Lage der bolivarischen Bewegung. Nebenbei gesagt war Simon Bolivar kein lateinamerikanisches Phänomen, sondern seine Ideen wurden bei seinem Europaaufenthalt maßgeblich von der Französischen Revolution geformt. Frankreich, wo der junge Bolivar studierte, liegt in Europa und nicht in Lateinamerika. Er war ein großer Revolutionär, und seine Vision einer revolutionären Vereinigung Mittel- und Südamerikas unterstütze ich zu 100 Prozent. Allerdings hat sich nach 200 Jahren Kapitalismus gezeigt, dass die lateinamerikanische Bourgeoisie unfähig ist, diese Ausgabe zu erfüllen und Lateinamerika vorwärts zu bringen. Simon Bolivar war in seiner Zeit, also der Zeit der bürgerlich-demokratischen Revolution, ein großer Revolutionär. Karl Marx war ein ebenso großer Revolutionär, dessen Ideen sich aus einer anderen Zeit heraus bildeten, dem Zeitalter des Kapitalismus und der proletarischen Revolution. Die Aufgaben der Bolivarischen Revolution sind einfach: Es geht um die

Entmachtung der Oligarchie, dieses reaktionären Blocks von Bankiers, Großgrundbesitzern und Kapitalisten, die ein massives Hindernis für den sozialen Fortschritt darstellen. Wie soll uns dies gelingen? Nur durch eine Revolution in der Revolution, wie Präsident Chávez sich ausdrückt. Konkret bedeutet dies: Die Bolivarische Revolution hat als bürgerlich-demokratische Revolution begonnen und muss in eine proletarische Revolution übergehen, die die sozialistischen Aufgaben anpackt und sich um die aktive Solidarität der Arbeiter und Bauern in ganz Lateinamerika bemüht. Diese Vision hat auch Präsident Chávez bei vielen Anlässen vertreten. Wer dafür Marxisten wie Alan Woods kritisiert, der muss gleichermaßen Präsident Chávez und die Mehrheit der bolivarischen Arbeiter und Bauern in Venezuela kritisieren, die nachdrücklich die sozialistische Linie unterstützen.

Sie haben kürzlich Kuba besucht und auf der Buchmesse in Havanna die kubanische Ausgabe Ihres Buchs „Aufstand der Vernunft" vorgestellt. Was für ein Echo haben sie damit gefunden? Wie wirkt sich die venezolanische Revolution auf Kuba aus?

Die venezolanische Revolution hat sehr starke Auswirkungen auf Kuba und sie hat wesentlich dazu beigetragen, Kuba aus der vom US-Imperialismus verhängten Isolation herauszubringen. Die Kubaner schöpfen jetzt neue Hoffnung. Trotzkis Ideen sind für die venezolanische und kubanische Bevölkerung besonders wichtig und finden jetzt auch in Kuba ein starkes Echo. Bei der Buchmesse in Havanna haben wir viele Bücher von Leo Trotzki verkauft. Bei Veranstaltungen in mehreren kubanischen Städten war das Echo auf meine Vorträge sehr gut.

Wir sehen Sie die aktuelle Lage in Kuba? Ist dort eine Rückkehr zum Kapitalismus ausgeschlossen?

Interessanterweise hat Fidel Castro diese Frage in einer Rede letzten November beantwortet, indem er feststellte, dass die kubanische Revolution nicht unumkehrbar ist und die Drohung einer kapitalistischen

Konterrevolution real ist. Fidel Castro ist in dieser Frage fest geblieben. Alle revolutionären Kräfte der Welt müssen die Errungenschaften der kubanischen Revolution, vor allem die staatliche Planwirtschaft, gegen den Imperialismus und Kapitalismus verteidigen. Wie kann uns dies am besten gelingen? Fidel Castro sprach in seiner Rede auch von der Gefahr, die von korrupten Kräften im Staatsapparat ausgehen könnte und rief die Massen auf, dagegen vorzugehen. Dies kann ich voll und ganz unterstützen. Am besten bekämpft man die Bürokratie in Kuba und rettet die Revolution, indem man an die Ideen von Lenins Schrift „Staat und Revolution" anknüpft. Darin sind die wichtigsten Maßnahmen gegen Bürokratie aufgeführt. Außerdem kann die kubanische Revolution dauerhaft nur gesichert werden, wenn die sozialistische Revolution in anderen lateinamerikanischen Ländern weitergeführt wird. Daraus ergibt sich auch die aktuelle Bedeutung von Bolivien und Venezuela.

Die EU fordert von Kuba die Einhaltung von „Menschenrechten". Selbst Abgeordnete der Linkspartei haben einer entsprechenden Resolution im Europaparlament zugestimmt. Was halten Sie davon?

Dies ist bürgerliche Heuchelei. Sie reden von „Menschenrechten" in Kuba und selbst in Venezuela, einem der freiesten Länder der Welt. Die Imperialisten stört an Kuba, dass dort die Produktionsmittel verstaatlicht sind. Was für eine Demokratie haben die USA, wo nur Milliardäre Präsident werden können und selbst Bush die Wahlen gefälscht hat? Mit diesen Heuchlern haben wir nichts am Hut.

In den letzten Tagen haben die Bürgerlichen dagegen protestiert, dass die Regierung Chávez die Ölfelder der französischen und italienischen Konzerne Total und Eni konfisziert hat. Sie bemängeln, Hugo Chávez stranguliere die Privatwirtschaft.

Venezolanisches Öl sollte dem venezolanischen Volk gehören. Präsident Chávez verteidigt die Interessen seiner Bevölkerung gegen die systematische

Ausplünderung durch ausländische Ölfirmen aus den USA und Europa. Diese Firmen haben früher nicht einmal Steuern an den venezolanischen Staat abgeführt. Die Imperialisten und Ölkonzerne haben über Jahrzehnte das venezolanische Volk stranguliert und sich dabei auf so genannte „demokratische" Regierungen gestützt. Wo blieben denn die Proteste der europäischen Regierungen, als 1989 etwa die AD-Regierung von Carlos Andres Pérez tausende wehrlose Menschen in Caracas bei der Niederschlagung des „Caracazo" massakrieren ließ?

Nun befürchten die Bürgerlichen bei den anstehenden Präsidentschaftswahlen einen linken Wahlsieg in Peru. Könnte dadurch Peru dem venezolanischen Weg folgen?

In ganz Lateinamerika findet derzeit ein revolutionärer Prozess statt, ein Wiedererwachen der Arbeiterklasse und der unterdrückten Massen. Von Feuerland bis zum Rio Grande gibt es kein einziges wirklich stabiles kapitalistisches Regime mehr. In unterschiedlicher Intensität und Geschwindigkeit versuchen die Massen in diesen Ländern, die Macht in die eigenen Hände zu nehmen. MarxistInnen begrüßen diese Entwicklung und müssen alles tun, um die notwendige politische Klarheit zu liefern und den fortgeschrittenen Schichten in der Bewegung helfen, den revolutionären Prozess zum Erfolg zu führen.

Interview: Hans-Gerd Öfinger, April 2006

Cuba Libre! – Für die ArbeiterInnen*
Die Kubanische Revolution am Scheideweg

„Man müsste nachforschen, wo Lenin die Phrase „nicht-kapitalistischer Weg" ausgesprochen oder niedergeschrieben hat; es ist dies eine zweischneidige Phrase und ich glaube nicht, dass er sie jemals verwendet hat. Wie dem auch sei, wenn etwas „nicht-kapitalistisch" ist, was ist es dann? Hermafroditisch? Hybrid? Die Geschichte hat gezeigt, dass es eine kurze Periode von politischen Kämpfen geben kann bevor der Weg beschritten wird, aber dieser ist entweder kapitalistisch oder sozialistisch. "
(Ernesto Che Guevara, X Preguntas sobre la enseñanza de un libro Apuntes críticos a la Economía Política, Havanna, 1. Auflage, 2006, Seite 99)

Was Che Guevara im Zuge der ökonomischen Debatte 1962-1965 als Kritik an den mechanischen Auffassungen der nach Kuba entsandten sowjetischen BeraterInnen und Literatur auf den Punkt bringt, ist heute nach 40 Jahren aktueller denn je.

Es ist dies eine kurze und prägnante Antwort auf all jene Intellektuellen und ReformistInnen, die in den ‚aktuellen revolutionären Prozessen in Lateinamerika etwas „ganz Neues" sehen, mit „neuen sozialen Akteuren" (Zivilgesellschaft, Bewegung der iIndíichenas, klassenunspezifischer „Bolivarianismus" usw.) und mit ganz neuen Antworten auf die alten Probleme Kolonialismus, Imperialismus und der historischen Korrumpiertheit des „nationalen Bürgertums".

Es ist dies eine der zahlreichen Affirmationen Erklärungen Che Guevaras und der jungen kubanischen Revolution für die Internationalisierung der Revolution und für die Durchsetzung sozialistischer Maßnahmen, obwohl weder der „Mensch" noch die „internationale Situation" reif seien für die tatsächliche Überwindung des Kapitalismus, so die Argumentation derdamals wie heute die „FreundInnen der Revolution". damals wie heute.

Aber auch ein literaturkritischer Zugang zum einleitenden Zitat zeugt von der Aktualität der Diskussion um Kapitalismus und Sozialismus. Immerhin wurde der Text von Che Guevara, dem dieses Zitat entnommen wurde, im Jahr 2006 erstmals weltweit erstmals veröffentlicht.

Die kapitalistische Restauration in der ehemaligen Sowjetunion und die darauffolgende politische, wirtschaftliche, militärische und ideologische Offensive des Imperialismus haben nicht das „Ende der Geschichte", sondern im Gegenteil eine Periode der tiefgreifenden Instabilität auf allen Ebenen eingeleitet. Während sich in den „emerging revolutions" Revolutionen wierevolutionären Bewegungen in Venezuela, Ekuador und Bolivien Ches einleitend wiedergegebene Frage sich noch im Prozess der Beantwortung befindet, ist die Frage in Kuba in den 1960er Jahren nicht nur gestellt, sondern auch schon beantwortet worden: durchdurch Landreform, Verstaatlichung und Planwirtschaft.

Letztendlich ist die Frage nach der Verfügungsgewalt über die Produktionsmittel -, die Banken, Fabriken und Ländereien -, die entscheidende Frage, die über das Los einer Revolution entscheidet. Dem Bürgertum muss nicht nur die politische Macht entrissen werden, es muss ihmihr auch die ökonomische Macht entzogen werden.

Auf nach Moskau....

Die Sowjetunion hatte einen sehr ambivalenten Zugang zur KKubanischen Revolution. Nach der gängigen Lehrmeinung hätte die Revolution gar nicht stattfinden dürfen, und einmal passiert, hätte sie sich im bürgerlich-demokratischen Rahmen bewegen sollen. Nicht umsonst hatten sich die Kader der Kommunisten Partei Kubas nicht am Volksaufstand, der dem Sieg der Revolution im Jänner 1959 vorausging, beteiligt. Stattdessen unterhielten sie möglichst gute Beziehungen zur Diktatour von Fulgencio Batista.

Was Fidel Castro tatsächlich dazu bewegte die Kubanische Revolution als „sozialistische" auszurufen, ist auch unter kubanischen HistorikerInnen bis heute ein heiß umstrittenes Thema. Allerdings können wir sicher sein, dass jener berühmten Rede, die unter dem Eindruck der militärischen CIA-geleiteten Intervention in der Schweinbucht im April 1961 gehalten wurde, keine AbspracheKonsultation mit sowjetischen Stellen vorangegangen war. Fidel

Castro vollzog mit dieser Rede nach, was in Kuba tatsächlich passierte: Einerseits duldet der US-amerikanische Imperialismus keine Revolution in seinem Hinterhof, seien ihre Ziele noch so bescheiden, andererseits weckte die Flucht von Batista die Lust auf mehr: Die Landbevölkerung gingmobilisierte für die Landreform auf die Straße, ArbeiterInnen besetzten ihre Fabriken, alle stürmen zu denrennen nach Waffen, als sich die militärische Konterrevolution ankündigt.

Chrustschow, der starker Mann der KPdSU, agiert in dieser Situation flexibel genug, um Kuba als strategischen Glücksfall schätzen zu lernen: so nah an das amerikanische Festland solltekam die Sowjetunion nie mehr kommen. Gleichzeitig galt es die internationalistischen HoffnungenAspirationen der Kubanischen Revolution zu unterbinden, um das geostrategische Gleichgewicht der sogenannten „friedlichen Koexistenz" durch die Ausbreitung der Revolution in Lateinamerika nicht noch weiter durcheinander zu bringen. Die Eerste und zZweite Declaración de la Habana, die OLAS-Konferenz 1967 atmen denim Geist dieses Internationalismus der jungen Kubanischen Revolution.

Ein weiteres Feld der sowjetischen Intervention betraf die Verhinderung einer raschen Industrialisierung der Insel, sowie die politisch-institutionelle Zurichtung der Revolution nachentlang sowjetisch-stalinistischem Zuschnitt. Erstere Maßnahme zielte darauf ab eine zahlenmäßige Stärkung der kubanischen Arbeiterklasse zu verhindern, und damit der Kubanischen Revolution eineeine unabhängige ökonomische und politische Basis vorzuenthalten entziehen. Die Erfahrungen mit Tito und Mao waren der Sowjetunion Lehre genug. In diesen beiden Ländern konnte der Kapitalismus unabhängig von der sowjetischen Roten Armee überwunden werden, und dies führte schlussendlich zum Bruch dieser Länder mit Moskau. Obwohl die beiden Führer Tito und Mao die Parteisäuberungen der 1930er Jahre überlebt hatten und politisch mit Stalin voll konform gingen, brachen sie, einmal an der Macht, mit der Sowjetunion. Ein solcher Prozess sollte in Kuba durch die Etablierung eines wirtschaftlichen Abhängigkeitsverhältnisses verhindert werden. Gleichzeitig galt es die soziale und politische Dynamik der Kubanischen Revolution in sichere Gewässer zu leiten: Einparteinregime,

Sozial-eEngineering statt ArbeiterInnendemokratie. Dieser Prozess zog sich weit über ein Jahrzehnt und sollte auch dann nur ein sich permanent wandelndes Provisorium bleiben.

Die kubanische Kommunistische Partei wurde 1965 als Vereinigungsprojekt der Guerillabewegung M-26 und alter stalinistischer Kader wiedergegründet. Den ersten Parteitag hielt sie jedoch erst im Jahr 1975 ab, im gleichen Jahr als auch eine neue Verfassung verabschiedet wurde. Dazwischen liegen Jahre von harten Klassenkämpfen und politischen Auseinandersetzungen, und - nicht zu unterschätzen - von wichtigen internationalen Ereignissen, die zu einer Frustration der AktivistInnen führten. Das Scheitern der bolivianischen Guerilla, das auch Che das Leben kostete, war ein Schock für viele RevolutionärInnen. Insbesondere der Putsch in Chile gegen Allende am 11. September 1973 führte dann zu einer vollkommenen Frustration aller Hoffnungen, die Revolution nach Lateinamerika tragen zu können. Gleichzeitig ermöglichte das Ende der Chinesischen Kulturrevolution, die aufgrund ihrer postulierten Radikalität im Kampf gegen den Imperialismus und die Bürokratie in Kuba viele AnhängerInnen hatte, ein viel härteres Durchgreifenschrofferes Auftreten der Sowjets auf der Insel.

Die Niederlage in der Zafra (Zuckerrohrernte) des Jahres 1970 trug ebenfalls zur allgemeinen Demoralisierung bei. Die „gran zafra" sollte mit 10 Millionen Tonnen produzierten Zuckers die Insel schlagartig mit den notwendigen finanziellen Mitteln für einen großen sozialen und ökonomischen Sprung nach vorne versorgen. Hunderttausende AktivistInnen aus Kuba und der ganzen Welt verbrachten Wochen und Monate auf den Zuckerplantagen um dieses Ziel zu erreichen. Sie scheiterten aber. In Zeitzeugengesprächen mit AktivistInnen der „gran zafra", die der Autor sowohl in Kuba, als auch Venezuela und Europa führen konnte, wird dieser Faktor bis heute als „Niederlage" und einschneidendes Ereignis beurteilt, das für den späteren Verlauf der Revolution von großer Bedeutung gewesen ist.

Auch an der Spitze des M-26 ergaben sich in den 1960er Jahren Verschiebungen, die zur Mäßigung der Kubanischen Revolution beitrugen. Im Rampenlicht der politischen Auseinandersetzung stand vor allem die Person Che Guevara. Nach In zahlreichen Auslandsreisen in den damaligen

Ostblock verschärfte sich seine Kritik an den dortigen Zuständen, was nur als Fortsetzung der theoretischen Kritik Ches an den ökonomischen Postulaten und den mechanischen Revolutionsvorstellungen der Sowjets verstanden werden kann. Und er hielt mit seiner öffentlichen Kritik an der Sowjetunion nicht hinter dem Berg. Der schärfste Konfliktpunkt zwischen Che und den sowjetischen und kubanischen StalinistInnen war sein unabdingbares Eintreten für die Internationalisierung der Revolution, die er auch mit seinem persönlichen Leben verknüpfte. Fidel Castro dagegen war mit dem Sieg der Kubanischen Revolution „am Ende" seiner Lebensplanung angelangt. Die Freundschaft, die die zwei historischen Revolutionsführer verband, scheint unter diesem Konflikt zwar immer wieder gelitten zu haben, jedoch nie zerbrochen zu sein. Geschichte wird jedoch nicht von großen Persönlichkeiten allein gemacht. Nach der Rückkehr von einer langen Auslandsreise im Juni 1965, im Zuge derer Che öffentlich scharfe Kritiken an die Sowjetunion vorbrachte, trat Che Guevara in Kuba nicht mehr öffentlich auf. Diese Zeit wurde von den kubanischen StalinistInnen genützt, um ihn öffentlich (v.a. in den osteuropäischen Zentralorganen) zu desavouierenin Misskredit zu bringen. Zeitgleich wird erstmals gegen die kubanischen TrotzkistInnen, die bis zu diesem Zeitpunkt eine wichtige Rolle in der revolutionären Bewegung gespielt hatten, diese in einigen Städten v.a. im Osten der Insel sogar dominierten, vorgegangen. Polizeilich zerschlagen wurde die trotzkistische Organisation in der ersten Hälfte der 1970er Jahre, ohne jedoch bis zum heutigen Tag ihre Aktivität völlig einzustellen. Hauptanklagepunkt gegenüber den kubanischen TrotzkistInnen war übrigens ihre „antisowjetische Einstellung", ein Anklagepunkt der heute auch auf Fidel Castro selbst zutreffen würde, wenn er vomn „stalinistischenm Irrtum" spricht.

Ähnlich wie der Tod Lenins im Jahr 1924 die Offensive der Bürokratie begünstigteermöglichte, eröffnete Ches Abgang aus der Öffentlichkeit die Möglichkeit einer stalinistischen Offensive. Ein vorläufiger Sieg wurde ihnen jedoch erst durch die vorher beschriebenen nationalen und internationalen Fehlschläge, die zu einer Demoralisierung der Bewegung führten, zut Teil.

.... und zurück

Kuba wurde ökonomisch völlig in die Arbeitsteilung der „realsozialistischen Staaten" eingebunden – als Lieferant von Zucker und Abnehmer von Erdöl und industriellen Gütern. Die Präferenzpreise ermöglichten über Jahre eine prosperierende soziale Entwicklung, bedeuteten aber auch die völlige Abhängigkeit, die Kuba nach dem Fall des Stalinismus in Osteuropa Kuba schlagartig in eine tiefe ökonomische Krise stürzte. Im Zeitraum von 1989 bis 1993 fiel das kubanische Bruttoinlandsprodukt um unglaubliche 35 Prozent.

Abgesehen von diesen direkten ökonomischen Auswirkungen hatte sich durch den NiedergangWegfall des Stalinismus das Kräfteverhältnis in den internationalen Beziehungen Anfang der 1990er Jahre stark zugunsten des Imperialismus (allen voran der USA) verschoben. Damit erhöhte sich auch außenpolitisch der Druck auf Kuba umso mehr. Die USA verschärften nach dem Ende der Sowjetunion die wirtschaftliche und politische Gangart gegenüber Kuba erheblich. Die Wirtschaftssanktionen wurden ab 1992 mehrmals ausgeweitet und verschärft, zuletzt unter der aktuellen Bush-Administration. Gleichzeitig wurden die finanziellen Mittel für die Schaffung einer „Opposition", einer so genannten Zivilgesellschaft (ein Projekt das bereits unter Ronald Reagan gestartet wurde) in Kuba vervielfacht. Gruppen und Individuen, wie „Alpha 66", „Brothers of Rescue" oder der berühmte CIA-Terrorist Possada Carriles, die durch Terroraktionen und Sabotage das kubanische Regime stürzen wollen, genießen die aktive Unterstützung durch die US-Administration.

Dass vor diesem Hintergrund die Kubanische Revolution nicht scheiterte, ist für sich genommen schon als Erfolg zu werten und nur aus ihrer spezifischen Geschichte zu verstehen. Ihr sozialer Rückhalt ist bis heute viel stärker als dies in der Sowjetunion und Osteuropa in den 1980er Jahren noch der Fall war.

Die kubanische Arbeiterklasse machte während ihrer Geschichte nur sehr vereinzelte Erfahrungen mitvon ArbeiterInnenkontrolle und Rätedemokratie.

Sie hat zwar die Revolution mitgetragen, konnte aber nicht zur bestimmenden Kraft in ihr werden. Oder anders ausgedrückt: Iin der anti-imperialistischen Guerilla- und Massenbewegung der Jahre ab 1953 gab es keine ausreichend große Organisation, die sowohl politisch als auch organisatorisch den unabhängigen Klassenstandpunkt des Proletariats vertreten hätte.

Genau dies waren im üÜbrigen die Bedingungen, die Juan Antonio Mella, der Gründer der Kommunistischen Partei Kubas, als Grundbedingungen für die Teilnahme der kommunistischen Bewegung an nationalen Befreiungsbewegungen wiederholt formuliert hatte, bevor er 1929 im mexikanischen Exil ermordet wurde. Als Anmerkung sei hier angefügt, dass Mella sich wiederholt positiv auf Trotzki, seine Analyse der Sowjetunion und auf die Grundsätze der „Permanenten Revolution" bezog, was ihn in seinem letzen Lebensjahr zur Zielscheibe stalinistischer Verleumdungen machte. Dies war bei der Neugründung der kommunistischen Bewegung nach dem Sieg der Revolution jedoch kein Hindernis, dass Mella als historischer Führer der Arbeiterklasse in Kuba zu einer Ikone der Jugendverbände stilisiert wurde. Heute, nach dem Scheitern des Stalinismus, werden Mellas politische und organisatorische Verbindungen zur „Internationalen Linken Opposition" Trotzkis auch in der kubanischen Literatur mit großem Interesse besprochen.

Doch zwischen Mellas Tod und dem Sieg des Volksaufstandes 1959 fand eine komplette politische Konterrevolution in der an Mitgliedern und vor allem an Einfluss sehr starken und bedeutenden KP Kubas statt. Als absolut linientreue und Moskau hörige Partei wurde jede politische Zick-ZackbBewegung Stalins sklavisch nachvollzogen, was schlussendlich sogar in der aktiven Unterstützung und Teilnahme an der ersten Regierung des Diktators Batista gipfelte. Unter diesen Bedingungen war es nicht verwunderlich, dass ein unabhängiger Klassenstandpunkt des Proletariats nicht zum Ausdruck kommen konnte, die KP ja sogar eine systemstabilisierende Rolle einnahm. Nach der Flucht Batistas wurde der Staat daher nicht nach den von Lenin formulierten Bedingungen für eine Rätedemokratie neugestaltet, sondern es zog einedie „Verwaltungsguerilla" ein, so Che Guevara. Che Guevara glaubte, als er sich 1963 mit dem Phänomen des Bürokratismus beschäftigte, dass man diesem Übel durch die moralische und kulturelle Entwicklung der FunktionärInnen wirksam entgegentreten könne. Dieser Optimismus erwies sich als falsch. Von einem marxistischen Standpunkt aus gesehen wäre es falsch, dieser ideologischen Überbauebene jede Wirksamkeit abzusprechen, doch langfristig muss sich die materielle Grundlage einer Gesellschaft durchsetzen. Das Scheitern der Internationalisierung der Revolution begünstigte unter den gegebenen Umständen das stalinistische Modell. Durch die enge Bindung an die Sowjetunion wurde es schließlich gefestigt und reproduziert.

Die Herrschaft der Bürokratie nahm in Kuba jedoch nie die verbrecherischen und terroristischen Züge an, wie dies in der Sowjetunion der Fall gewesen war. In der Sowjetunion hatte sich im Zuge des Bürgerkrieges (...) die soziale Basis des Regimes schleichend Richtung der alten, vom Zarismus übernommenen, und der neuen Staatsbürokratie verschoben. Um diese politische Herrschaft zu konsolidieren war es jedoch notwendig alle Erfahrungen der Sowjetdemokratie, jeden roten Faden zur ursprünglichen Bolschewistischen Partei zu zerschneiden, ein Prozess der Mitte der 1930er bereits zur beinahe völligen physischen Vernichtung der alten Parteikader geführt hatte. In Kuba ist das Proletariat nie derart zurückgedrängt und geschlagen worden, da sie es nie eineals eigenständige RolleKraft in der nationalen Befreiungsbewegung spieltenie voll als solche zum Ausdruck kam. Daher ist es auch zu erklären, dass die Kubanische Revolution bis heute ein unglaublich großes Reservoir an sozialer Unterstützung genießt und auch regelmäßig mobilisieren kann. Nur so kann man sich erklären, dass Fidel Castro bis heute fest im Sattel sitzt, obwohl das Land nach dem Ende der Sowjetunion einen unglaublichen wirtschaftlichen Zerfalls- und sozialen Erosionsprozess durchmachen musste.
Kuba bleibt somit ein Symbol dafür, dass es eine Alternative zum imperialistischen Ausbeutungssystem gibt. Das darf uns aber nicht davon abhalten, mit klarem Blick die drohenden Gefahren für die Revolution zu sehen.

Periodo Especial - Die "Sonderperiode"

1993 musste die Führung in Havanna die "Periodo Especial" ausrufen, die "Sonderperiode zu Friedenszeiten". Um dem freien Fall der Ökonomie entgegenzuwirken, wurde die gesamte Produktion auf den Außenhandel und zu Lasten der Konsumgüterproduktion für die eigene Bevölkerung umgestellt. Außerdem wurde die Tourismuswirtschaft massiv gefördert. Bemerkenswert dabei ist, dass mit Ausnahme von 1991 trotzdem über das ganze Jahrzehnt die Sozialausgaben stiegen.

In gewissem Sinne wurden damit aber auch Tendenzen gefördert, die das planwirtschaftliche System und in der Folge auch das politische Regime in Kuba stark destabilisierten. Die Eckpunkte dieser marktwirtschaftlich orientierten Politik waren die Genehmigung von Joint ventures mit ausländischem Kapital (1992), die Legalisierung des Dollar neben dem Peso (1993), die Dezentralisierung des Außenhandels, die Ausweitung der unternehmerische Autonomie der Staatsbetriebe und die Zulassung von freien Bauernmärkten, Handwerks- sowie Dienstleistungsunternehmen.

Die soziale Differenzierung der kubanischen Gesellschaft nahm unter diesen Bedingungen rasch zu. Wichtig dabei war die exponentiell steigende Dollarisierung der staatlichen und informellen Ökonomie, was im Laufe des Jahres 2000 dazu führte, dass bereits 60% der Transaktionen in Dollar abgeschlossen wurden. Damit nahmen die Marktkräfte, die ursprünglich nur als Ergänzung zum staatlichen Sektor gedacht waren, eine derartig zentrale Rolle ein, dass die gesellschaftliche Basis der Kubanischen Revolution zu kippen drohte.

Durch den Wirtschaftseinbruch sank der allgemeine Lebensstandard bis Mitte der 1990er um rund die Hälfte. Nur wer Zugang zu Dollars hatte, konnte den Versorgungsmangel ausgleichen und gewisse Produkte und Dienstleistungen erstehen. Korruption, Prostitution und Kleinkriminalität gingen mit der Dollarisierung einher und erschütterten die Moral der Gesellschaft. Die Arbeit in der Peso-Wirtschaft verlor zusehends an Attraktivität, dafür zog es viele Menschen in den Tourismus und damit verbundene Branchen.

Heute ist Auslandskapital in allen zentralen Sektoren der Ökonomie anzutreffen: Tourismus, Telekom, Nickel, in der Grundstoff- und in der Konsumgüterindustrie. Um den Marktzugang für Exportgüter wie Tabak und Rum zu sichern, mussten Kooperationen mit ausländischen Monopolen eingegangen werden. Zudem wurden nach chinesischem Vorbild Sonderwirtschaftszonen eingerichtet.

Die wirtschaftliche Liberalisierung hatte vor dem Hintergrund der Krise durchaus positive Effekte. Im Jahr 1995 konnte der freie Fall der Ökonomie auf der Grundlage dieser Maßnahmen gestoppt werden und eine mehrjährige Aufschwungsphase mit hohen Wachstumsraten eingeleitet werden. Ab 1999 verlangsamte sich die ökonomische Dynamik, um dann 2005 wieder voll durchzustarten.

Lenin rechtfertigte 1921 die Neue Ökonomische Politik (NÖP) als notwendigen Schritt zurück, um die Errungenschaften der Revolution zu retten. Im Falle Kubas wurde die teilweise Liberalisierung der Ökonomie ebenfalls als Maßnahme zur Rettung der Planwirtschaft angesehen. Eine derartig tiefgreifende ökonomische Umwälzung birgt jedoch stets auch gewaltige Risiken in sich. Die Dollarökonomie führte in Kuba auch beinahe zur Strangulierung des planwirtschaftlichen Sektors, denn hat die (privat-)kapitalistische Kapitalakkumulation einmal Gestalt angenommen, so ist sie trotz aller Regulierungsmaßnahmen nur schwer einzudämmen. Viele Liberalisierungsmaßnahmen erwiesen sich schließlich volkswirtschaftlich als kontraproduktiv. So wurden etwa laut Angaben des kubanischen Magazins Bohemia im Zeitraum zwischen Januar und Oktober 2003 nicht weniger als 1.021 illegal betriebene Fabriken, Restaurants und Werkstätten ausgehoben. Bei den insgesamt 316.000 durchgeführten Inspektionen in legal betrieben Privatunternehmen wurden bei einem Drittel der Betriebe Verstöße gegen die Preisregulierung festgestellt. Viele dieser Betriebe versorgten sich selbst mit Rohstoffen und Ausrüstungsgegenständen, die illegal aus dem staatlichen Sektor abgezogen wurden. Viele der hergestellten Produkte sind außerdem von schlechter Qualität.

Wichtiger jedoch sind die sozialen Folgen der Liberalisierung. Im Wirtschaftsboom der späten 1990er Jahre begann die Idee, dass "Sozialismus schlecht, Kapitalismus aber gut sei", in der kubanischen Gesellschaft Fuß zu fassen. Wenn eine Biochemikerin, die in einem modernst ausgestatteten staatlichen Labor hochwertigste Impfstoffe entwickelt, dabei aber um ein Vielfaches weniger als ein selbstständiger Straßenzigarrenhändler verdient, ist es unschwer nachzuvollziehen, dass ein rasanter ideologischer Zerfallsprozess einsetzt. Wenig erstaunlich auch, dass in dieser Situation Teile der Bürokratie sich mehr und mehr mit der Möglichkeit einer kontrollierten kapitalistischen Restauration zu identifizierten begannen. Die wirtschaftliche Dynamik des Kapitalismus fand damit ihren ideellen Niederschlag. Die späten 1990er waren die Jahre des ideologischen Niedergangs, die auch die PCC (Kubanische Kommunistische Partei) voll erfasste. In einem Einparteiensystem musste diese pro-kapitalistische Stimmung zwangsläufig auch aktive FürsprecherInnen an der Spitze der Kommunistischen Partei finden.

Bereits im Zuge der Perestroika Gorbatschows in den 1980ern sah sich die kubanische Parteispitze erstmals dazu gezwungen, gegen diese Tendenzen vorzugehen. In der sogenannten Rectificación (etwa: Verbesserung, Nachbesserung, Kurskorrektur) von 1986 stellte sich Fidel Castro selbst an die Spitze im Kampf gegen "Technokraten und neue Kapitalisten". Tatsächlich hatte die Durchsetzung des politischen und ökonomischen Modells der Sowjetunion eine beträchtliche Unruhe in die kubanischen Betriebe gebracht. Wurden 1979 noch 9.988 Arbeitskonflikte zentral erfasst, stieg diese Zahl 1985 auf 25.672 Fälle an. Die Lohndifferenz innerhalb einer Fabrik überstieg das Verhältnis 1:30, der Lohnunterschied zwischen einem Minister und einem Facharbeiter betrug bereits 1:60. Gegen diese Tendenz wurde nun wieder auf Zentralisierung, moralische Anreize und Reideologisierung gesetzt.

Man muss aber verstehen, dass eine Planwirtschaft, die nicht demokratisch und ohne die Kontrolle durch die Arbeiterklasse organisiert ist, sondern durch eine Bürokratie verwaltet wird, erstens immer wieder wirtschaftliche Krisen produzieren und zweitens den Keim der kapitalistischen Restauration zwangsläufig in sich tragen wird. Die Basis der kapitalistischen Restauration in der Sowjetunion und in den Ländern Osteuropas waren allesamt FunktionärInnen des stalinistischen Staatsapparates. Dies vor Augen wurde im Kuba der zweiten Hälfte der 1980er Jahre der Perestroika die sogenannte Rectificación als der Kampf gegen eben diese Tendenzen entgegengestellt. Durch die Wirtschaftsreformen der 1990er Jahre erhoben die pro-kapitalistischen Sektoren der Bürokratie aber wieder ihr Haupt.

Die Revolution ist in Gefahr

Fidel Castro selbst stellte sich in den letzten Jahren an die Spitze im Kampf gegen diese Tendenzen. Nachdem in den 1990ern beinahe jedEr private InvestorIn in Kuba als HeldIn gefeiert wurde, wurden ab 2003 dem Auslandskapital wieder die Daumenschrauben angezogen. Die Zahl der kubanisch-ausländischen Gemeinschaftsunternehmen (Joint Ventures) betrug im Dezember 2004 446, ein Jahr später waren es bereits 73 weniger. Neben vielen Betriebsschließungen oder Übernahmen durch den Staat wurden gleichzeitig viel weniger neue Kooperationen eingegangen. Dies ändert nichts daran, dass der private Sektor weiterhin eine zentrale Rolle einnimmt: Auch 2005 sorgten die verbliebenen so "Gemeinschaftsunternehmen" für über die Hälfte der Exporte der Insel und für etwa ein Drittel der gesamten Deviseneinnahmen. Die politischen Hoffnungen, die ausländische InvestorInnen in die wirtschaftliche Liberalisierung gesetzt haben, sind allerdings zerschlagen worden. In nicht wenigen Wirtschaftsforen beklagen sich etwa europäische UnternehmerInnen, dass ihr Eigentum in Kuba kalt enteignet werden würde. Vorbei sind die Tage, als ein spanischer Unternehmer den mittlerweile abgesetzten kubanischen Außenminister Roberto Robeina als "unseren Mann in Havanna" feiern konnte.

In einer Untersuchung des "Economist" über das internationale Investitionsklima aus dem Jahr 2005 rutschte Kuba von Platz 80 auf 81 ab, den vorletzten Platz der untersuchten Länder. Ebenso interessant: Ekuador rutschte von Platz 65 auf 72, Venezuela von Platz 70 auf 77 ab. Die Begründung der britischen AnalystInnen liest sich recht beschönigend so: "Die Begeisterung dieser Länder gegenüber den Auslandsinvestitionen ist wählerischer als zuvor; dies ist auf die Ernüchterung ihrer Einwohner mit vielen der liberalen Reformen zurückzuführen".

Doch nicht nur gegenüber den ausländischen InvestorInnen wurde eine restriktivere Politik eingeschlagen. Die Anzahl der "freien Gewerbe", in denen KubanerInnen selbständig wirtschaftlich aktiv sein konnten, wurde eingeschränkt. Die zusätzlichen Regulierungen führten dazu, dass zehntausende Selbstständige wieder in den staatlichen Sektor zurückgekehrt sind. Im November 2004 wurde schließlich die Ökonomie durch die Schaffung einer neuen kubanischen "Hartwährung", den CUC, entdollarisiert. Gleichzeitig wurde die Anzahl der Unternehmen, die selbstständig Außenhandel betreiben können, um mehr als die Hälfte reduziert. Betriebswirtschaftliche Investitionen ab einer gewissen Höhe müssen wieder zentral bewilligt werden. Diese Maßnahmen zielen darauf ab, den planwirtschaftlichen, staatlichen Sektor zu stärken und haben den gewollten Nebeneffekt, dass der Zugang zu Dollar und infolgedessen die private Kapitalakkumulation durch Schieber und korrupte Funktionäre erschwert wird.

Das Gesamtpaket der Maßnahmen geht über ein Gegensteuern zu vereinzelten unerwünschten ökonomischen Entwicklungen hinaus. Im Jahr 2004 etwa wurde der gesamte Tourismusbereich umstrukturiert. Der hierfür zuständige Minister wurde entlassen, und die Führungsetagen der großen Tourismusketten wurden gesäubert und de facto unter die Kontrolle der Armee gestellt. Im Dezember 2005 wurden die an eine staatliche Agentur zu zahlenden Dollarlöhne der Beschäftigten im Tourismus derart erhöht, dass die ausländischen InvestorInnen mit einer deutlichen Reduzierung ihrer Einnahmen rechnen müssen.

Der ökonomische Kampf gegen die kapitalistische Akkumulation in Kuba ist längst in einen politischen Kampf gegen die kapitalistische Restauration und ihre sozialen TrägerInnen übergegangen. In einer bemerkenswerten Rede skizzierte Fidel Castro am 17. November 2005 die Problemlage:

"Wir verfügen gewiss über äußerst gute Bankinstitutionen. So werden die ökonomischen Ressourcen auf alle wirtschaftlichen Bereichen des Landes verteilt, die Banken verwalten diese Zuweisungen und sie machen dies in Übereinstimmung mit den beschlossenen Programmen. Kein Bankdirektor wird dabei mit dem Vertreter eines mächtigen [kapitalistischen] Unternehmens Mittag essen, niemand wird ihn in ein Restaurant einladen, er wird keine Einladung nach Europa erhalten, um in einer Unternehmervilla oder einem Luxushotel zu logieren. Einige unserer Funktionäre hantierten freilich mit Millionenbeträgen hier und Millionenbeträgen dort; zugleich verstehen sich die Kapitalisten bestens auf die Kunst der Korruption, vollführen diese so subtil wie Schlangen, sind dabei manchmal aber schlimmer als Ratten. Sie verstehen sich darauf, die Beute durch ihren Biss zu betäuben und können einem Menschen mitten in der Nacht ein Stück seines Fleisches wegbeißen. Genau auf die gleiche Art betäubten die Kapitalisten die Revolution und entrissen ihr Teile ihres Fleisches. Dabei verfielen nicht wenige der Unsrigen der Korruption - ein Umstand, den viele ahnten oder kannten, denn sie sahen den Lebensstandard dieser Leute, wie sie aus einer Laune heraus das Auto wechselten, oder dem alten eine neue Farbe oder irgendeine andere auffällige Verbesserung verpassten, all dies nur aus Eitelkeit. Davon haben wir alle x-Mal gehört, einmal hier, einmal da, und man wird dagegen Maßnahmen ergreifen müssen, einmal hier, einmal da. Leicht wird sich dieses Problem allerdings nicht lösen lassen."

Und Castro weiter:

"Sind es die Revolutionen selbst, die in sich zusammenbrechen oder sind es die Menschen, die Revolutionen zusammenbrechen lassen? Anders gesprochen: In wessen Macht steht es zu verhindern, dass eine Revolution zusammenbricht? In jener der Menschen und der Gesellschaft - oder etwa nicht? Ich kann an dieser Stelle noch eine weitere Frage anfügen: Glaubt ihr, dass der revolutionäre, sozialistische Prozess [in Kuba] zum Erliegen gebracht werden kann? [Rufe aus dem Publikum: "Nein!"] Habt ihr schon einmal genauer und in Ruhe darüber nachgedacht? Wusstet ihr, dass es einige gibt, die im Monat vierzig oder fünfzig Mal so viel verdienen wie einer jener Ärzte die im Rahmen der Aktion "Henry Reeve" in den Bergen Guatemalas arbeiten? Diese Ärzte arbeiten an weit entfernten Orten in Afrika oder in großer Höhe in den Bergen des Himalaja, retten dort Leben und verdienen dennoch nicht mehr als 5 oder 10% dessen, was einer jener Gauner verdient, die Benzin an die Neureichen verkaufen, die in den Häfen ganze Lastwägen voller Güter abzweigen, die Devisenläden bestehlen, die Fünf-Sterne-Hotels

ausnehmen, indem sie z. B. die dortigen Rumflaschen gegen andere austauschen, also den schlechten Rum gegen den guten, und daraus ein schwungvolles Geschäft mit Devisen machen....[...]
Dieses Land kann sich selbst zerstören; diese Revolution sich selbst niederstrecken. Heute sind es nicht mehr jene [Exilkubaner in Miami etc.], die in der Lage sind, die sie zu zerstören; es sind wir selbst, wir selbst können sie zerstören, und es wäre uns zuzuschreiben, wenn sie zusammenbricht."

Selten in der Geschichte der Kubanischen Revolution wurde der innere Feind so offen benannt. Der offizielle Diskurs konzentrierte sich bisher v.a. auf die ständige Bedrohung durch den Imperialismus, nun wird immer stärker die innere fünfte Kolonne ins Blickfeld gerückt. Bekämpft werden soll die Korruption durch die Bewegung der SozialarbeiterInnen. 28.000 Jugendliche übernahmen etwa die gesamte Benzinverteilung im Land. Fidel Castro ruft dazu auf, "Zellen gegen die Korruption zu schaffen, rings um jeden zu beobachtenden Punkt eine Zelle; da gibt es Mitglieder der Jugendorganisation, Mitglieder der Massenorganisationen, Kämpfer der Revolution."

Der Geist der Skepsis ist bis tief in die Reihen der Kommunistischen Partei eingedrungen. Im August 2005 beklagte die Parteizeitung "Granma" etwa, dass die Kader der Partei zu wenig lesen und ihre politische Arbeit überhaupt schlecht vorbereiten. Es wundert daher nicht, dass eine neue, energische und von der Vergangenheit unbelastete Bewegung geschaffen wurde, um die bestehenden Probleme in den Griff zu bekommen. Der kubanische Humor neigt zu scharfen Übertreibungen, er gibt aber einen tiefen Einblick in gesellschaftliche Empfindungen: "Früher hat man den Eltern gratuliert, wenn die Tochter in die KP aufgenommen wurde, heute werden sie bemitleidet". Das Politbüro der Partei bringt eben diese Situation in einer Resolution vom 28. April 2006 zum Ausdruck:

"Es wird bestätigt, dass es unter den gegebenen Umständen der Partei zufällt, einen größeren Einfluss auszuüben und ihre Führungsrolle zu bestärken, um die volle Partizipation unseres Volkes im Aufbau des Sozialismus und im

Kampf gegen alles, was das Werk der Revolution verletzen, verzögern oder verhindern könnte, zu ermöglichen. Damit soll der Widerstand gegen Äußerungen von Undiszipliniertheit, Korruption und Vernachlässigung und andere negativen Haltungen intensiviert und besser koordiniert werden.

In der Sitzung wurden die kürzlich in den Arbeitsstätten durchgeführten Arbeiten der paritätischen Parteikommissionen hervorgehoben. Diese haben die praktische Nützlichkeit dieser Methoden bestätigt, die einen ermutigenden Umschwung in unserem Vorhaben, die Undiszipliniertheit und ein mit den sozialistischen Prinzipien nicht vereinbares Benehmen soweit wie nur möglich zu bekämpfen. Die erreichten positiven Ergebnisse haben nicht nur die Autorität und das Prestige der Partei unter den Arbeitern und dem Volk im allgemeinen erhöht, sondern haben uns auch die gröbsten Unzulänglichkeiten ihrer Arbeit und ihrer Verwaltung deutlich herausgestellt."

Als konkretes Ergebnis dieser Sitzung wurden 24 Politbüromitglieder suspendiert. Ziel scheint es zu sein, die Führung der pro-kapitalistischen Strömung kaltzustellen und den eingeschlagenen Weg der Festigung der Planwirtschaft fortzusetzen.

Kuba am Scheideweg

Die Tendenzen, die in Richtung Restauration arbeiten, sind dabei noch immer äußerst lebendig. Eine entscheidende Rolle nimmt dabei die Armeeführung ein. Sie ist längst zu einem zentralen Faktor der kubanischen Ökonomie geworden und in vielen Wirtschaftsprojekten involviert. Dazu kommt, dass sie über eine funktionierende Organisation und dementsprechende Macht verfügt. Eine ernsthafte Option für die Armeespitze ist zweifelsohne eine Art "chinesischer Weg", d.h. eine kapitalistische Restauration bei gleichzeitiger Machterhaltung der Bürokratie, die an der Spitze eines starken Staates steht. Die weiteren Entwicklungen in China sind für den Prozess in Kuba somit von großer Bedeutung.

In China sahen wir einen graduellen Restaurationsprozess, bei dem die KP-Bürokratie die Zügel fest in der Hand hielt. Im Falle von Kuba ist einer derartige Entwicklung aber viel unwahrscheinlicher. Dafür gibt es mehrere Gründe:

Die Kubanische Revolution stellt im historischen Maßstab gesehen ein eher junges Ereignis dar. Viele Menschen haben einen direkten Bezug zur Revolution und ihren sozialen Errungenschaften. Daraus resultiert eine viel stärkere Verbundenheit von großen Teilen der Bevölkerung mit der Revolution als dies in Russland oder China der Fall war. Die revolutionäre Tradition ist noch viel lebendiger, und der unmittelbare Vergleich mit dem Rest von Lateinamerika macht sie sicher, dass sie vom Kapitalismus nicht viel zu erwarten hätten. Eine offene kapitalistische Restauration würde somit wohl auf größeren Widerstand stoßen als dies in Osteuropa der Fall war.

Außerdem ist im Unterschied zu Russland die ehemalige Oligarchie noch existent und wartet in Miami auf ihre Rückkehr. Die Bürokratie wäre damit einer ernsthaften Konkurrenz beim Prozess der privaten Aneignung der Produktionsmittel ausgesetzt. Die Kräfte der Oligarchie stellen eine direkte Bedrohung für die sozialen Interessen der Massen aber auch für die Bürokratie dar. Somit haben zumindest Teile der Bürokratie ein handfestes Interesse an der Verteidigung der Revolution.

Ein restauriertes Kuba würde sofort wieder in die völlige Abhängigkeit des US-Imperialismus geraten und die gleiche Rolle spielen wie vor 1959 - als Spielhölle und Puff der Yankees. Diese Ausgangslage lässt uns zu dem Schluss kommen, dass die Konterrevolution mit scharfen sozialen und politischen Konflikten einhergehen würde.

Fidel Castro verfolgt derzeit einen Kurs, der darauf abzielt, die kapitalistische Restauration abzuwenden. Dabei setzt er in erster Linie auf eine verstärkte Kontrolle von oben. Wir haben es hier mit einem Machtkampf zwischen unterschiedlichen Teilen der Bürokratie zu tun. Mit rein bürokratischen Methoden wird man aber eine Bürokratie schwer bekämpfen können. Castros Antikorruptionskampf wird an der Oberfläche bei den offensichtlichsten Fällen stecken bleiben, wenn er nur mit bürokratischen Mitteln geführt wird. Der Kampf gegen die Restauration muss Hand in Hand gehen mit einem

Kampf gegen die bürokratischen Ineffizienzen, die legalen Beziehungen zum Auslandskapital, die sozialen Differenzierungen usw.

Aus marxistischer Sicht bräuchte es in der jetzigen Situation eine politische Offensive von unten. Nur auf der Basis einer genuinen sozialistischen Demokratie (jederzeitige Wähl- und Abwählbarkeit, Facharbeiterlohn für FunktionärInnen usw.), die den Menschen das Gefühl gibt, dass sie selbst über ihr Schicksal entscheiden können, werden die Massen einen Sinn darin sehen, die Revolution mit aller Kraft zu verteidigen.

Solange Fidel Castro am Leben ist, bleiben die Widersprüche in der Bürokratie noch weitgehend unter der Oberfläche. Seine politische Autorität als historischer Führer der Revolution hat noch enormes Gewicht. Was aber, wenn Fidel stirbt? Die Polarisierung in der kubanischen Gesellschaft würde sich zuspitzen, die Bürokratie würde sich entlang von Klassenlinien spalten. Alle Tendenzen, die bereits jetzt vorhanden sind, würden sich voll entfalten.

Verteidigung der Revolution - aber wie?

Die Entwicklung Kubas wird aber nicht nur auf der Insel selbst entschieden werden. Es gibt keinen endogenen kubanischen Weg zum Sozialismus. Die Terms of Trade zwischen Zucker, einem der wichtigsten Exportprodukte, und Erdöl, dem Lebenselixier der kubanischen Wirtschaft, verschlechterten sich seit Beginn der 1990er zusehends. (1990: 1:1,9 und 2002: 1:0,7). Ausgehend von dieser Abhängigkeit vom Weltmarkt und der schwachen ökonomischen Basis des Land, braucht es eine internationalistische Perspektive.

Der Linksruck in Lateinamerika, allen voran der revolutionäre Prozess in Venezuela, bietet ein zentralen Hoffnungsanker für die Kubanische Revolution. Die Revolution muss sich international ausweiten. Die Kubanische Revolution ist heute eng mit dem Schicksal der Bolivarischen Revolution in Venezuela verknüpft. Ohne die kubanische Unterstützung der misiones, den Sozialprogrammen im Bildungs- und Gesundheitsbereich, hätte sich die Bolivarische Revolution nicht derart konsolidieren können. Andererseits stabilisiert die ökonomische Kooperation Venezuelas das wirtschaftliche Gefüge Kubas. Die bisher getätigten Schritte beim Aufbau dieser Kooperation sind aus unserer Sicht voll zu unterstützen. Es muss aber klar sein, dass es letztlich eine internationale Planwirtschaft benötigt, um diese Kooperation abzusichern und wirklich im Interesse der Menschen aller beteiligten Länder weiterzuentwickeln.

Auch in der Außenpolitik ist Castros Orientierung sehr beschränkt. Gekennzeichnet wird sie mehr von geopolitischen Gesichtspunkten mit dem Ziel einer multipolaren Weltordnung als von sozialistischem Internationalismus mit der Stoßrichtung auf eine Sozialistische Föderation Lateinamerikas und der ganzen Welt.

Kuba gerät immer mehr ins Fadenkreuz des Imperialismus. Längst sind es nicht mehr nur die "Falken" in der US-Administration, die einen Regimewechsel in Havanna anstreben. Auch die Europäische Union hat den Kurs gegenüber Kuba merklich verschärft. Die EU (aber auch die UNO) heften sich einmal mehr die "Menschenrechte", "Freiheit und Demokratie" auf ihre Fahnen und versuchen Kuba international zu isolieren. Der Verurteilung der Menschenrechtssituation durch das EU-Parlament könnte schon bald ein Wirtschaftsembargo folgen.

Angesichts dieses wachsenden Drucks durch den Imperialismus braucht es Gegendruck, den nur die internationale ArbeiterInnenbewegung und die Solidaritätsbewegung erzeugen können. Eine besondere Rolle nimmt dabei die revolutionäre Bewegung in Venezuela und in Lateinamerika ein. Das Schicksal der Kubanischen Revolution ist einmal mehr eng mit der Zukunft der Bewegung auf dem Rest des lateinamerikanischen Kontinents verknüpft. Die Vollendung der Revolution und die Überwindung des Kapitalismus in Venezuela würde die Basis legen für eine Sozialistische Föderation zwischen Kuba und Venezuela. Dies würde auch in Kuba Kräfte freisetzen und den Massen die nötige Kraft zur Verhinderung einer kapitalistischen Restauration und der Errichtung einer genuinen sozialistischen Demokratie geben.

Aufstand der Vernunft
Marxistische Philosophie und moderne Wissenschaften

Wir leben in einer Zeit entscheidender historischer Umbrüche. Überall herrscht Instabilität. Gleichzeitig erleben wir eine ideologische Gegenoffensive der bürgerlichen und pro-kapitalistischen Kräfte gegen jeden Ansatz von Sozialismus oder Marxismus. Wer dieses System verändern will, der muss die Welt verstehen und braucht eine revolutionäre Philosophie.

Friedrich Engels stellte einmal fest, dass die ArbeiterInnenbewegung grundsätzlich nach drei Seiten hin einen Kampf führen muss: "nach der theoretischen, der politischen und der praktisch-ökonomischen (Widerstand gegen die Kapitalisten) - im Einklang und Zusammenhang und planmäßig." Um die ArbeiterInnenbewegung aus der Defensive heraus und wieder in die Offensive zu bringen, ist eine Demaskierung der ideologischen Positionen der Bürgerlichen unbedingt erforderlich. Gelingt dies nicht, so wird sich diese ideologische Schwächung der Bewegung in der nächsten Phase auch in ganz praktischen Dingen verheerend auswirken. (Aus einem Interview mit Buchautor Alan Woods)

Aus dem Inhalt: Philosophie und Religion - Revolution in der Physik - Relativitätstheorie - Der Urknall - Die Dialektik der Geologie - Wie das Leben begann - Die revolutionäre Geburt des Menschen - Die Entstehung des Verstands - Marxismus und Darwinismus - Das egoistische Gen? - Reflektiert die Mathematik die Realität? - Chaostheorie - Erkenntnistheorie - Entfremdung und die Zukunft der Menschheit

Alan Woods/Ted Grant, **Aufstand der Vernunft**
Marxistische Philosophie und moderne Wissenschaft, ISB 3-85371-197-9, br., 512 S, Promedia Verlag Wien. Auch über Funke-Verkäufer erhältlich.

Bisher in der Reihe
"Aufstand der Vernunft" erschienen:

"We're not familiy" - Die verborgene Geschichte der USA
Mit weiteren Texten zur Frage marxistischer Programmatik und zur
"Heiligenüberproduktion" der katholischen Kirche
Aufstand der Vernunft Nr. 1 - Preis: 7 Euro

"Hasta la victoria, siempre!"
Venezuela, Kuba: revolutionäre Strategie zur Überwindung von
Kapitalismus und Imperialismus
Aufstand der Vernunft Nr. 2 - Preis 6,50 Euro

Pierre Broué: Die Deutsche Revolution 1918-23
Mit ergänzenden Texten von Leo Trotzki und weiteren Beiträgen zur
Geschichte der Deutschen Arbeiterbewegung
Aufstand der Vernunft Nr. 3 - Preis 7 Euro

D. Rjazanov: Marx und Engels - Nicht nur für AnfängerInnen
Neuauflage der Vorträge des sowjetischen Marx-Engels-Forschers David
Rjazanov über die Entstehung des wissenschaftlichen Sozialismus.
Aufstand der Vernunft Nr. 4 - Preis 7 Euro